付加価値を創る最強の学習法

午堂登紀雄

はじめに

私は20代の経営者と交流する機会がありますが、ビビってしまうほど優秀な人に出会うことがあります。自分がつい最近理解したことを、彼らはすでに理解している。私が今到達したことを、10年以上も前に到達している。

一生懸命やってきたつもりでも、自分の20代と比較すると、私は本当に何も考えず、ただ漫然と過ごしてきたことに愕然とします。

自分よりも社会人経験が短いにもかかわらず、なぜこうも能力の差が開いていくのでしょうか。

やはりそこには、学習プロセスに違いがあるように感じます。

しかし、そんな目の前のことだけではありません。

2010年、日本はGDPで中国に抜かれ、ついに世界第2位の経済大国の座を明け渡しました。そのすぐ後ろには、インドが迫っています。世界で誰も経験したことのない少子高齢化が進展する日本は、もはや衰退国へ向けて一直線の様相を呈しています。

国の借金である国債残高は未曾有の水準に達し、もはや10年も持たないと言われています。つまり、日本国債が暴落するリスクにさらされているということです。これは非現実的でしょうか。

覚えている人は少ないでしょうが、国債暴落によって預金封鎖やハイパーインフレが日本で現実に起こったのは、つい73年前のことです。

さらに2011年3月、東北関東大震災が東日本を襲い、日本経済・国家財政ともに大きな危機を迎えました。失業率はますます悪化するかもしれません。

しかし、どんな状況になろうと、私たちは生き抜いていかなければなりません。

「生きていく」ということと、「稼いでいく」ということは同義です。自給自足の生活をしているのでない限り、生きていくにはお金が必要だからです。

失業率が20%になっても、年金制度が破綻しても、お金を稼いでいく必要があります。ビジネスパーソンであろうと起業家であろうと同じで、生きていくためにもっと稼ぐ力をつけなければなりません。

では、稼げる自分になるには、いったい何をすればいいのか。

そのひとつの答えが自己投資、つまり「勉強」することです。

といっても、高学歴を得たり資格を取得したりするための勉強ではありません。

国家資格を持っていても、有名なビジネススクールを卒業していても、仕事に就けない人が増えているように、それらは必ずしも付加価値を出す能力にはつながらないからです。

そういう私自身の問題意識から、本書は、よくある速読や暗記を中心とした勉強法ではなく、社会人がより高いパフォーマンスを出せる人材になるための勉強法を考察しています。

それを「コア学習法」と名づけました。これは、ものごとを習得するための核（コア）となる視点を抽出し、まとめたものです。

私自身、この学習法によって、30代で年収3000万円を達成しました。といっても、1年や2年でサクッと増えたわけではありません。実際に年収1000万円を超えてから3000万円に到達するまで、およそ6年かかっています。

6年は長いと思われるかもしれませんが、過ぎてみると、アッという間です。

それに、70歳まで働くとすれば、今あなたが30歳なら、職業人生はあと40年もあります。大卒なら43歳でやっと折り返し地点です。あなたも私も、職業人としてはまだ半分も歩んでいないのです。

ですから、これからの勉強によって、まだまだ巻き返しは可能です！

午堂登紀雄

目次

はじめに……………………………………2

第1章　未来を切り開くビジネスパーソンの勉強法　9

1　私たちはなぜ学ぶ必要があるのか……10
2　従来の勉強法が通用しない時代になった……12
3　お金を生む学習・生まない学習……15
4　ビジネスパーソンは何を学ぶべきか……17
5　脳を変える学習戦略……22
6　集中力を維持する仕組みをつくる……24
《コラム》ＲＯＭな人かりＲＡＭな人になる　28

第2章　ラーニングリテラシーを高める　31

1　ラーニングリテラシーとは何か……32
2　ラーニングリテラシーの４つの特徴……34
3　私たちが学ぶべき４つの分野……37

第3章　パーソナル学習プログラムを効果的に運用するための10のファクター　47

1　脳神経活性学習法……49
《応用編》即席専門家になる方法……50
2　オブジェクト情報学習法……52
《応用編》意見・主張には、４種類がある前提で検証する……54

3　クリティカル学習法　55
《応用編》常識を一つひとつ疑い、自分で確認する　58
4　ライブ学習法　60
《応用編①》コーチやメンターから学ぶ　63
《応用編②》パーソナルトレーナーから学ぶ　64
5　ティーチング学習法　65
《応用編》ピア・ラーニング――多角的学習　66
6　非暗記学習法　67
《応用編》感情とセットで覚える　71
7　図解学習法　72
8　フィードバック学習法　78
《応用編》セルフフィードバック　80
9　フレームワーク学習法　82
《応用編》フレームワークを自分でつくる　83
10　アンラーン学習法　85
《応用編》既存の制約条件をアンラーンする　88

第4章　試験勉強の強化書　91
1　資格取得を目指す前に知っておきたいこと　92
2　試験合格までの3ステップ　98
3　合格圏突入の切り札「間違いノート」　102
4　不安を解消する方法　107
《コラム》英語との戦い　111

第5章　世界で通用する言語を習得する　113
1　英語学習の4ステップ　114
2　副教材を効果的に使う　117
3　英語継続システムをつくる　121
《コラム》TOEICは受けても対策は不要　123

第6章　学習継続システムをつくる　125

目次

1　モチベーションが結果を左右する……126
2　やる気のスイッチが入るツールを用意する……129
3　勉強を快適にする環境をつくる……133
4　眠っていた遺伝子を目覚めさせる……137
おわりに――夢を追いかけるとは、休まないこと……139

第1章　未来を切り開くビジネスパーソンの勉強法

1　私たちはなぜ学ぶ必要があるのか

私たちが何のために勉強するかというと、ひと言で言うと、「理想の人生をつくる」ためです。

たとえば昇進や転職によってお金を稼げるようになる。有名になる。より面白くてスケールの大きな仕事を手に入れる。尊敬され認められる。人間として成長することなどなど。私たちは、理想とする自分、理想とする生活を手に入れるために勉強するのです。

学ぶことによって、今までできなかったことができるようになる。今までよりもうまくできるようになる。自分の思いどおりにいくようになる。今までよりも快適な生活になる。そして、そんな自分の成長を実感して充足を得る。それがますます自分の向上欲求を刺激し、学ぶことがますます楽しくなる。

そういう循環をつくることができると、世の中にどんな変化が訪れても、キャッチアップしていけます。

ただ、本書はビジネスパーソンの勉強にフォーカスしていますので、競争に勝ち残るための方法論を追求していきます。

なぜなら、成果を出すべく努力を重ねて勉強しているのは自分だけではなく、ほかの人も同じだからです。資本主義社会では努力の質・量によって結果に差がつきますから、与えられた同じ時間の中で、他人を上回る価値を出すための勉強をする必要があります。

世界10億人の競争が始まる

従来の人材競争は、ほとんどが日本国内の労働人口6500万人の中での競争でしたが、これからは違います。世界10億人以上の競争にさらされるようになります。

すでに都市部の飲食業や小売業の仕事は、アジアからやってきた人たちの草刈り場と化しています。彼らは日本人より安い賃金で、日本人よりも猛烈に働きます。

私は仕事柄、投資ファンドなど海外のビジネスパーソンと打ち合わせをする機会がありますが、特にアジアの人たちは、よく働きます。

私もこの原稿を書いている現在、中国人投資家の投資案件にかかわっていますが、いつ寝ているのか、というくらい働きます。

中国語、英語、日本語が堪能でありながら、金融の専門知識も持っている。そんな彼らが自分よりも猛烈に働くので、恐怖を感じます。

稼ぎもケタ違いです。キャッシュで10億円や20億円といった案件もザラにあります。ますます恐怖を感じます。

日常生活の中でも、彼らの努力を垣間見ることができます。

私は普段、朝7時から2時間ほど、自宅近くのカフェで原稿を書くのが日課ですが、毎朝同じ時間に若い中国人（韓国人かも？）の女性がやってきます。どうやら彼女は法律を勉強している学生のようです。

私が9時頃カフェを出るときも、彼女はまだ勉強しています。そして私が会社の仕事を終え、夜8時頃に再びカフェへ寄ると、まだ居座って勉強しています。お店の人には迷惑かもしれませんが、すごい勉強量です。

日本人以外のアジア人は英語ペラペラ

先日、書店で雑誌をパラパラめくっていたら、韓国の英語学習事情が特集されていました。韓国も日本以上に英語学習熱が激しく、会社が終わった後、英会話スクールで5〜6時間も勉強するのが当たり前だそうです。とにかくハングリーです。

韓国は二度の通貨危機を経験しているため、国民の危機意識も強いようです。また、人口は日本の約半分ですから内需には依存できません。つまり、海外に打って出るしかないのです。

国民もそれをわかっていますから、みな英語の習得には熱心で、大学生でも英語ペラペラです。今やＴＯＥＩＣのスコアでは、韓国にも中国にも抜かれ、日本はアジアで最低ランクです。

インド人も勤勉です。以前ニューヨークに出張したとき、米国内の医師の30％はインド系だという話を聞きました。とっくに英語の壁を越え、数学の基礎能力も高い彼らは、理系など専門分野で海外進出しています。

世界に取り残されるリスク

マラソンで、先頭集団を走っていたはずが、気がついたら新興国のランナーが後ろにぴったりくっついていて、いつ追い越されるかわからないという状況になっています。

世界人口は間もなく70億人になりますが、追い上げている人の数は、10億人とも20億人とも言われています。私たちは、彼らとの競争にさらされようとしているのです。

得体の知れない発想と、想像を絶する努力観を持った人たちが大陸から押し寄せ、ビジネスの競争はさらに難易度の高いステージに突入しようとしています。


そんな状況で、周囲にいる日本人しか目に映らなければ、世界に置いていかれるリスクがあります。つまり私たちは、今まで以上に勉強しなければならないのです。

2　従来の勉強法が通用しない時代になった

勉強というと、何をイメージするでしょうか。

もしかすると、「机に向かってテキストを開き、何かを覚える」という姿を想像するかもしれません。たとえば資格取得の勉強とか、ＴＯＥＩＣの勉強とか……。

学生時代はそれでもよかったかもしれません。

しかし、社会人になったら、勉強の中身と方法を変える必要があります。

覚える勉強や正解を答える勉強は、もはや通用しない時代になったからです。覚えなければならないものは、検索すれば出てきますし、そもそもビジネスには正解そのものがありません。

私自身、20代の頃は、古い考え方にとらわれていたなあと反省しています。

大学生活は思ったほど面白くなく、アルバイトに明け暮れる毎日でした。そのうち、これじゃいけないと、少しずつ焦ってきました。そこで「資格を取ればなんとかなるんじゃないか」と、専門学校に通い、日商簿記検定1級を取得しました。

しかし結局、どこにも就職が決まらないまま卒業式を迎え、フリーター生活を余儀なくされました。

資格を取ってもクビになった私

半年後、やっとのことで会計事務所への就職が決まった私は、燃えていました。毎朝日経新聞を読み、日経ビジネスを購読しながら通勤しました。仕事が終わった後は、ＥＲＰとかＣＲＭとか、当時の先端の経営用語を覚えようと、関連書を読んでいました。

さらに、難関の会計資格を取れば認められるかもしれないと、米国公認会計士（以下、ＣＰＡ）の受験勉強を始め、なんとか合格することができました。

だからといって、仕事の能力が高まるわけではありません。ミスを連発し、ほどなくその会計事務所をクビ同然で辞めることになりました。24歳の頃です。

私はこれらの知識や資格に、いったいどれほどの時間とお金と労力をかけたことか……。もちろん、それらがすべて無駄だったとは思いませんが、キャリアにも収入にも、あまり役には立たなかったと感じています。

しかし、社会に出た早い段階でこうした勉強の限界を知ることができたのは、貴重な経験だったと思います。従来型の勉強では役に立たないと体感し、勉強のスタイルを変えることができたからです。

不利な状況でも勝つための勉強をする

記憶しなければならないものは、コンピュータのほうが速くて正確です。会計記帳などの単純事務は、たとえばインド企業に外注されるようになってきています。

つまり、覚えなければならないことやルーチンでできることは、ソフトウェアに置き換わっていき、作業レベルの仕事は、海外人材に置き換わっていくのです。そして、稼げる仕事とは、難しい問題を解決する仕事や、新しいものを創造する仕事だけに収斂していく。

以前私の会社に、管理職でありながら、「お金がないからできない」が口ぐせの社員がいました。彼はその後辞めてしまいましたが、私は引き留めることをしませんでした。

かつて阪急グループの小林一三氏が言ったように、お金がないから何もできないという人は、お金があっても何もできないからです。

ビジネスパーソンの勉強とは、そういうお金がない、時間がない、労働力がない、というリソース不足で一見不利に思える状況の中でも、ものごとを達成し、勝ちを取りにいくためのものではないでしょうか。

「そうそう、それが欲しかった」を創造する勉強にシフト

成熟したマーケットでは、人は自分が欲しいものを意識していません。商品やサービスが出たときに、「そうそう、それが欲しかった！」と気がつきます。

ソニーのウォークマンやアップルのｉＰｈｏｎｅがヒットしたのも、新しいライフスタイルを提案し、市場を創造したからだと言えます。

つまり私たちは、覚えたものをアウトプットすることよりも、問題を解決したり、新しいモノ・コトを提案したりという、**付加価値を創造するための勉強にシフトする必要がある**ということです。そういう発想は、机の上に座ってテキストを広げているだけでは、なかなか出てこないものです。

3　お金を生む学習・生まない学習

スクールに通うことも本を読むことも、自己投資行為のひとつです。投資というからには、いずれ回収しなければなりません。

回収方法のひとつはお金を稼ぐことです。「ビジネスパーソンの勉強」は、最終的にどれだけお金をいただける自分になるか、という指標で測られます。

なぜなら、**顧客に喜んでもらってはじめてお金をいただけるのであり、お金は顧客の「ありがとう」の積み重ね**だからです。

換金できない勉強は、相手にも社会にも役に立っていないということを意味し、趣味の世界、暇つぶしということになります。もちろん、教養を高めて人格を磨き、精神修養するという勉強もありますが、外部への貢献を期待されているわけではありませんし、回収しなければならないものでもありません。

各自が自由にやればよいので、方法論など不要です。本書のような勉強法の本をわざわざお金を出して買う必要はないでしょう。

また、「学んだことを実際にアウトプットすることが大事」ということがわかっていながら、私たちは、勉強するだけで満足してしまう傾向があります。インプットすることはラクですが、アウトプット、つまり実践することは面倒くさいからです。

勉強星人と収益星人

今自分が勉強していることを、どうやって収益化するか、どうやって刈り取るかという戦略がなければ、お金と時間を費やしたけれども収入はサッパリ、という残念な結果を生むリスクがあります。

いわゆる**「勉強星人」**です。

勉強星人は、学ぶことが大好きです。新しい分野が出ると、すぐに飛びつきます。そこに膨大なお金と時間が消費されます。

ビジネススクール、講演・セミナー、ビジネス系の書籍・雑誌などを手がける業界にとっては、素晴らしいお客様です。もちろん、「まず試してみる」という姿勢は重要ですし、こうした好奇心は貴重な資質です。しかし、学びを活かす発想がなければ、学んで時間とお金を使って何も変化がない、ということが起こってしまうかもしれません。

反対の概念として**「収益星人」**を考えてみます。収益星人は稼ぐことが大好きです。何かをやるときには、必ず後ろで稼ぐ仕組みをつくる準備をします。

どういう収益化の方法があるか、自分がやる意味はあるか、実現可能性はどうか、継続できるか、という戦略のもとに学習分野を考え、学び始めます。やってみなければわからないことも、いったんは刈り取る戦略をイメージしてから始めます。

短期的にはお金にならなくても、長期的にメリットが見込めれば、お金と時間を投下します。初期段階に無償でやることも、赤字を垂れ流すことも、回収戦略のうちです。

どちらもちょっと極端かもしれません。

もし自分が勉強星人になっているなあと感じたら、思い切って収益星人の思考パターンに振り切ってみましょう。そう思ってもなかなか振り切れないですから、ちょうどバランスが取れるのではないでしょうか。

知識を獲得する勉強から、能力を獲得する勉強へ

「知っている」けれども「やらない」。

「わかっている」けれども「成果につながらない」。

そんなことはないでしょうか。

あるいは、たくさん勉強して、いろいろなことを知っているのに、仕事はイマイチという人が周囲にいないでしょうか。

「百聞は一見に如かず」と言われるように、実際に体験することの重要性は昔から言われてきたことです。学

習においても、身体を動かしてマスターすることが最も効果が高いと言えます。

たとえば、コピーライティングの本を読んだら自分で実際にコピーを書いてみる。起業の本を読んだら自分で会社の設立登記をする。パーソナルブランディングの本を読んだら、メルマガを開設しフェースブックに登録して自分のホームページをつくる。

営業ノウハウの講演を聴いたら、家に帰ってすぐにロールプレイング練習をする。新しい英語表現を学んだら、すぐ口に出して、何度も繰り返す。新しいアプリケーションソフトの操作を学ぶときは、パソコンの前で実際に操作しながら学習する。

そうやって**身体の動きと直結させる学習スタイルによって、実践化能力を鍛える**ことができます。

投資もそうです。いくら投資本や資産運用セミナーに参加したとしても、自分で売買の経験を重ねなければ、投資技術は向上しないのです。

つまりビジネスパーソンの勉強とは、覚えることよりも、手足を動かして身体で習得すること。実戦経験を積み重ねる中で、成果を出す力を獲得することです。

4　ビジネスパーソンは何を学ぶべきか

前述のとおり、私は資格ではあまり経済的メリットを受けませんでしたが、精神的には大いに得たものがあります。

それは、「最後までやり切った」「やればできる」という自己に対する信頼感と、形として証明できるものを得たという安心感です。

自己に対する信頼感とは、「一定以上の努力をすれば、目的が達成できる程度の力を持っている」「あきらめない精神力を持っている」というものです。つまり、自分はそれほど能なしではないとわかった、ということです。

安心感とは、目に見える・人に語れる証明書を得たということです。

20代半ばの私は、仕事での成功体験も実績もなく、不安だらけでした。そこで、何でもいいから「これはできます」という拠って立つ根拠が欲しいという気持ちがありました。

仕事ができない自分を認めたくなかったし、そんな不安から逃げ出したかったのです。

それがＣＰＡに合格したことで、一応の満足感と達成感を得られました。合格通知を受け取ってしばらくは、うれしさと誇らしさの余韻に浸ることができました。

それが錯覚だったということもすぐにわかりました。現実の仕事では、自分の実務能力は何ひとつ変わらなかったからです。その結果、クビ同然で会計事務所を追われたのは前述のとおりです。

とはいえ、気持ちを落ち着ける効果はあり、当時の私の目的は果たせたとは言えます。

資格・学歴の限界

大量生産・大量消費の時代には、資格試験を突破する能力と、社会で成功する能力はイコールでした。

受験勉強をして偏差値の高い大学に入れば、大手企業に就職できて、収入も増えていきました。課題も明確で、「こうすればこうなる」と、先輩たちがつくり上げた方法論が通用した時代です。情報はクローズされていたので、知っていること、つまり「知識」が差別化になりました。

資格を持っていれば、「努力を惜しまない人物」「専門知識を持つ人材」ということで、一定の評価を受けることができ、昇給や手当て、昇進や転職などで、少なからず恩恵にあずかることもできました。

しかし、これからの時代に求められる能力は、正反対と言えるほど違います。もはや改めてここで述べる必要もないかもしれません。

受験勉強を突破して難関大学に合格しても、必ずしも就職できない。技術はどんどん進化し、過去の成功体験がすぐに陳腐化し、通用しなくなる。誰も経験したことがなく、誰も答えを持っていない状況が次々にやってくる。

情報はオープンになり、瞬時に世界中を駆け巡り、検索すればすぐに出てくるため、覚えるという行為の重要性はどんどん低くなる。

「努力をしても成果が出なければ、何もしていないのと同じ」という扱いを受け、会社にどれだけ利益をもたらしたかで評価される。

仕事ができて資格を取れば、すごい人だと言われますが、仕事ができなくて資格を取れば、「ただヒマな人ね」と言われる。

資格を取っても仕事はあるのか？

資格の問題点のひとつは、需要と供給のバランスの崩壊です。

たとえば、司法試験・司法書士・公認会計士・税理士・社会保険労務士・中小企業診断士・宅地建物取引等主任者の国家資格ホルダーは、平成の時代だけで１００万人以上増えています。昭和の時代を含めると、有資格者はものすごい人数が存在することになります。そして、いまだに毎年５万人以上の合格者が生まれています。簿記やＦＰなど、公的機関による資格取得者も含めると、毎年毎年、膨大な数の資格ホルダーが生まれているわけです。

では、昨今の人口減少時代において、そうした有資格者に対するニーズは、合格者数に応じて高まっていくのでしょうか。

供給過剰になり、人が余り、ダンピング競争になるのではないか、ということは容易に想像できます。そんな世界で勝ち残るには、よほどの商才が必要でしょう。

資格は短期取得が絶対条件

もちろん私は資格取得を全否定しているわけではありません。世の中にはそもそも資格を取得しなければできない仕事もあります。

不動産業を営むには宅建（宅地建物取引等主任者）の資格が必要ですし、旅行代理店でツアープログラムをつくるには、旅行主任者の資格が必要です。

税務会計指導を行うには税理士、特許なら弁理士、法的業務なら司法書士や司法試験というように、法律で独占業務として定められていますから、無資格ではできない仕事も存在します。

それに、知的財産権の分野などのように、今後需要の拡大が見込めるものもあります。

ですから、こうした独占分野で、「仕事をしたい、キャリアを高めたい、独立したい」という場合は資格取得が必須となります。

というわけで、第４章では、資格試験にいかに短期間で合格するか、というテクニックについて解説していきます。

いずれにしても、資格取得には膨大な時間とエネルギーを要しますから、私のように「合格したけど役に立たなかった」という状況は避けなければなりません。

資格取得を目指すのであれば、ニーズはあるのか？「なぜ必要なのか？」「本当に必要なのか？」「どのように収益化できるのか？」を考えてからにしたいものです。

自分でやれるようになるべきか、捨てて他人に任せるべきか

何かを学ぶということは、それに時間が奪われることです。

自分の時間は１日に24時間ですから、もし毎日３時間を何かに費やす場合は、今までその時間を使ってやって

いた何かを捨てるということになります。
そのとき、自分は何を選び、何を捨てるのか……。
この判断は、ときに非常に難しいと感じます。

時間を取るか、お金を取るか

たとえば、面白いゲームやアプリケーションのソフトを思いついたとします。これは売れそうだ。しかし自分は素人である。

その場合、プログラミングを学んで自分でつくるという方法と、お金を払って外注するという方法があります。

前者は、自由に修正やバージョンアップができるという利点がある一方で、プログラミング技術の習得や、実際の制作にも膨大な時間を要するでしょう。

後者であれば、自分は営業や宣伝など、ほかのことに時間を投入できます。その半面、修正の都度お金がかかり、自分の思いどおりのものができないイライラもあるかもしれません。

自分でつくる技術があれば、もしそのソフトが売れなくても、いくらでも再起可能です。自分が作業すればいいだけなので、お金はかからない。タダで次々と新しいものをリリースし、試行錯誤できる。

反面、膨大な時間が失われるし、自分の労働力の分しかアウトプットできない。つまり売れても収入は知れています。

自分ですべてやるのは物理的に限界がありますから、反対に外注を選べばたくさんのソフトをつくれます。さらに自分は企画や売ることに集中できる。売れて利益が出れば、技術者を雇って内製化することもできる。規模が拡大できる。

ただし、もし売れなければ、かけた外注費が全損となるリスクがあります。

そういうリスクとリターン、選択肢の幅を考えると、どちらが正しいのかわからなくなります。そして、ここが**自己責任で決断する場面**というわけです。

密度×量を上げていくことがビジネス心肺能力を鍛える

私たち社会人の学習で陥りやすい罠は、「自分のペースで好きなときに好きなだけ学ぶ」ということです。もちろん、教養を高めるなどの場合はそれで問題ないでしょう。しかし、個人がビジネス戦闘力を高めるには、意識して自分に負荷がかかる勉強方法を選ぶ必要があります。

筋力をつけるには筋肉に負荷をかけなければならないように、能力を高めるにも負荷が必要です。負荷のかからない学習は、ただ散歩をするのと変わりません。

5　脳を変える学習戦略

では、負荷がかかる学習というのはどんなものかというと、**「密度×量のレベルを徐々に上げていく」**ということです。

密度というのは、「単位時間のなかで、どのくらい多くのインプット&アウトプットをしたか」ということ。量というのは、「どのくらいの時間を投入したか」ということ。

密度を高めるとは、普段は5キロを20分で走れるなら、19分、18分と短縮していく、あるいは1時間で3000文字パソコンで打っているなら、4000文字、5000文字へと増やすようなイメージです。

量を増やすとは、いつも5キロ走っているのなら、6キロ、7キロと増やしていく、あるいは1日8時間仕事をしているのなら、9時間、10時間と増やしていくようなイメージです。

そうやって、普段の自分でできるレベルよりも、ちょっと高いレベルを自分に課し続け、自分のビジネス心肺機能を高めていくのです。

自分の能力をストレッチさせる

そうして基礎体力がアップすると、流して走ってもソコソコ速いように、流した状態でも高いレベルでこなすことができます。

実はこれは、私自身の課題でもあります。自分はがんばっていると思いながら、能力の限界に挑戦しようとするほどはやっていないことに気がつき、落ち込みます。

「今日一日、必死でやったか？　一生懸命じゃなく、限界ギリギリまで必死でやったか？」と問われると、「いや、そこまでは……」と答えざるを得ない自分がいます。

「もう無理！　限界」という状況に自分を置いてストレッチさせなければ、それはせいぜい現状維持がやっとの努力レベルです。つまり、すでに到達した能力の範囲内でしかありません。

能力を向上させる学習とは、「今までできなかったことができるようになる」「できることはもっと上手にできるようになる」ということなのです。

繰り返しが脳の神経接続を組み変える

大脳生理学によれば、繰り返しによる訓練を続けることで、脳内の信号伝達速度を飛躍的に向上させる「ミエリン」という物質が増え、新たな神経接続をつくり出し、目的に応じた脳の領域を増大させるそうです。

そして、できなかったことをできるようにする過程で、今まで使われていなかった脳の新しい領域を利用できるようになるそうです。

スポーツの練習を重ねることによって筋肉細胞が組み直されるのと同じように、脳の神経伝達回路も組み直されます。それは、繰り返しによる訓練によって形成されるということです。

これは非常に示唆に富んだ人体のメカニズムです。

つまり**上達のためには「繰り返し」が必要**だということです。

本を一回読む。さらに新しい本を買う。講座を一回受ける。別の講座を受ける。一回読んだだけ、一回聞いただけでわかった気になり、次の新しい情報に目移りする。これでは身につくはずがありません。

プレゼンを一回練習する。プロジェクトマネジメントを一回経験する。新商品をひとつ開発する……。どれも全然足りないわけです。

1冊の本を何十回も読む

ひとつの動作を繰り返すのは退屈です。しかし、脳の神経細胞は確実に組み変えられているということを意識すれば、新しい情報のインプットを減らしてでも、繰り返し訓練する時間を確保しなければならないとわかります。

実は私も、読書量は減っていませんが、買う本の数は減っています。つまり、同じ本を何度も繰り返し読んでいるのです。

本気で繰り返そうとすると、一日の中で使える時間というのは、かくも少ないことに愕然とします。

6 集中力を維持する仕組みをつくる

ひとつのことをやり続ければ、数時間で疲れます。飽きます。また、「取りかかってみたけど、なんだか気分が乗らない」ということもあります。これは自然なことです。

集中力を維持する方法のひとつは、**「いつも何種類かの道具を持ち歩き、疲れたら別のことをやってみる」**という方法です。単純な方法ですが、意外に効果がありま す。

私の場合は、ノートパソコン、ｉＰｈｏｎｅ、本２冊、ウォークマン、英語テキスト、自分の課題が詰まったＢ５ノートを持ち歩いているので、原稿書きに飽きたら英語の学習、英語に疲れたら読書、というふうに、教材をチェンジしています。

集中できる時間帯に集中力が必要なことをやる

朝など集中できる時間帯は、あえて「苦手な分野、避けている分野、時間と集中力を要する分野からやる」というのも有効です。

午後になって疲労が蓄積してくると、苦手なものは面倒くさくなって、ますます遠ざかってしまいます。そこで、朝イチでやるのです。

私の場合、原稿書きは集中力が必要なので、朝７時～９時の２時間を充てています。その間は、メールチェックもしないですし、新聞も読まない。「そのこと以外は一切やらない」を徹底しています。

忙しいときこそやりたいことを詰め込む

忙しいときに限って、普段は読む気もしないような本を読みたくなったり、新しいお稽古事に興味を持ったりしたことはないでしょうか。

反対に、暇なときに限って、新しいことを始めるのが面倒になります。忙しいときはいろいろやりたいと思っていたのに、急にやる気が失せます。

忙しいときは緊張感があり、ものごとの処理スピードが上がっています。仕事をこなしているという実感がありますから、モチベーションも高い。これは、自分のキャパシティを広げるチャンスです。

そこで、ちょっと大変でも、どんどん詰め込んでみましょう。やりたいと感じたものに、少しでもいいので手をつけてみるのです。

急に読みたくなった本があったら、買って少しだけ読んでみる。急にお稽古に興味を持ったら、資料請求したり無料体験に行ってみたり。ジョギングしたくなったら、とりあえずウェアだけ買って部屋の見えるところにかけておく。

そうやって、**新しいことを学ぶきっかけを逃さない**ようにしたいものです。

ただ、試験勉強中や、締め切りに追われているときはただの現実逃避の可能性もありますので、注意が必要かもしれません。

時間割をつくる

難関の資格試験を目指している場合や、留学を控えて英語学習をしている場合などは別として、多くの人にとって、学習分野は複数あるのではないでしょうか。

私もこの原稿を書いている時点で学習している分野は、相続、ＨＴＭＬ、Androidプログラミング、英語などがあります。

平日の日中は仕事がありますし、書籍や連載コラムの原稿も書かなければなりません。書籍も、本書のテーマである学習法に加え、ＦＸや不動産の買い方、ビジネス自己啓発などにも取り組んでいますから、そのための情報収集が必要です。

そうやって学習分野が多くなると混乱してしまうので、休日などまとまった時間が取れるときは、時間割で動いたほうがリズミカルに進めることができます。

たとえば次の表（【ある日曜日の勉強スケジュール】）は、ある日曜日の時間割です。

ある日曜日の勉強スケジュール

6時	起床
7時	原稿執筆
	□勉強本
	□不動産投資ゲラチェック
10時～12時	□FX資料読み込み
	英語学習
12時～15時	□ディクテーションP45～50
	□音読
15時～17時	□マーケ本
	運動＆昼食
17時～19時	ソフトウエアDVD
19時～21時	□Illustrator応用編
	□Dreamweaver基礎編
21時～22時	書店で情報収集
22時	夕食
	メール処理
	就寝

毎週末こんなにがっちりやるわけではありませんが、

ＴＯＤＯを全部リストアップして時間割に落とし込み、リズムをつくるのです。

自分がこの週末にやるべきことと、それらに費やすべき時間の感覚が一覧でわかりますから、「あれもある、これもある」という精神的な圧迫感から解放される効果もあります。

やれるものからやる

もちろん、時間割のとおりにいかないこともよくあります。全然疲れていないのに、まったくやる気が起きないときもあります。取りかかってみたけど、なぜか気分が乗らないときがあります。

そんなとき、あきらめて放り出す前に、どこからでもよいので、興味の湧くもの、やる気が起きるものから手をつけてみましょう。

不思議なことに、そこから調子が出てノってくることがあります。これがダメならあっち、あっちがダメならこっち、といろいろ分野を変えてみるのです。

たとえば私のある土曜日。

原稿を書こうとパソコンに向かったはいいものの、なかなか進まない。次の講演の資料作成に変えてみたけど、ひらめかない。そこで、会社の下期の新しいイベント原案の作成に取りかかったら、面白くなってきた。これはたくさん人が集まりそうだとなって、ぐいぐい進む。

そこから勢いがついて、ちょっと休憩して原稿のほうにも取りかかれました。というふうに、何でスイッチが入るかわかりませんから、30分くらいは粘ってみる価値はあります。

やる気貯金をする

あえて時間割を破るときがあります。それは、やる気に満ち満ちているときです。

打ち合わせの後、なんだか猛然とやる気が湧いてきた。帰りの電車の中で本を読んでいると、猛烈に集中してきた。カフェで勉強していたら、俄然ノってきた。そういうときってあると思います。

そんなときは、後ろの予定を蹴飛ばし、やる気が続く限り、延々とやるのです。

打ち合わせの後、猛然とやる気が出てきたら、就業時間が終わり誰もいなくなっても、やり続ける。友人と飲み会の予定が入っていたら、「仕事が延びて」と時間を遅らせてもらう。英会話教室やマッサージの予約はキャンセルです。

帰りの電車の中で集中してきたら、そのまま終点まで乗っていく。終点まで行ってしまうと戻りの電車がない場合は、家に帰らず最寄り駅のホームのベンチでやり続けます。

カフェで勉強していてノってきたら、閉店まで粘りましょう。閉店になってもまだやる気があれば、24時間営業のファミレスやマクドナルドに移動です。

そうやって、**やる気があるときに徹底的にやることで、やる気が出ないときの分まで「やり貯め」をしておく**のです。

「やる気のあるとき」というのはお金では買えない貴重な時間ですから、多少カフェ代がかかっても、タクシー代がかかっても、十分モトはとれます。

《コラム》ROMな人かりRAMな人になる

情報よりも知恵、知識よりも実践が求められる時代。そういう時代に重要なのは、情報や知識に依存せず、振り回されず、過信せず、必要なときには過去に習得した知識をいったんすべて捨てて白紙状態でものごとを見ることができる力です。

今までの学習に代表される「もっと多くを知る」というのは、場合によってはもっと多くの先入観や固定観念をつくってしまうリスクと無縁ではありません。

「IT化が効率化につながる」という知識があると、IT化を前提に業務プロセスの見直しを考えてしまいがちです。ときには「ITが非効率を招く」ということから目をつぶってしまいます。

グループウェアの導入によってメール主体の伝達になると、ニュアンスがうまく伝わらず、むしろコミュニケーションがうまくいかなくなった、という企業もあります。

ペーパーレスになるかと思ったら、紙に打ち出して確認する人が意外に多く、紙は以前より増えた、という企業もあります。

たとえばセブンイレブンはＩＴを積極的に活用している企業のひとつです。その一方で、アナログ的な方法も重視しています。

ＯＦＣ（オペレーション・フィールド・カウンセラー：FC加盟店舗の指導をする営業担当者）に情報を提供するため、年間数億円のコストをかけて、毎週毎週、全国のＯＦＣを東京の本部に集めているのです。

これは、経営方針を徹底させるには、電子ツールや中間管理職を介するよりも、ダイレクトコミュニケーションのほうが効果的だ、という経営トップの信念があるからです。

既存の知識が先入観や固定観念を生み、新たな知識や価値観の習得を妨げることもあります。

たとえば環境対策において、「マイ箸はエコ」と思われていますが、箸を洗う水や洗剤のために、トータル的にはエコになっていない、ということもあります。しかし、環境論者の耳には届きません。

なぜなら「マイ箸はエコ」というのが前提条件になっているため、東南アジアで木材伐採が進んでいるのは割り箸のせいだ、割り箸を燃やすと二酸化炭素が出るという前提条件を補う情報しかインプットできなくなるからです。

固定観念が邪魔をして、学習効果が落ちるどころか、ますます固定観念を強化する学習になってしまいかねません。

学習とは、「より多くを学ぶ」という知識の追加的な行為だと思われていますが、それはもしかすると、「より多くの先入観をインプット」しているだけかもしれないのです。

そうならないためには、ＲＯＭ（Read Only Memory：書き込みだけが可能で、いったん書き込んだら消去も書き換えもできない）な頭脳から、ＲＡＭ（Random Access Memory：何度でも新しい情報を上書きできる」な頭脳にしていく必要があります。

第2章　ラーニングリテラシーを高める

1　ラーニングリテラシーとは何か

ラーニングリテラシーとは、**「新しいことを学べる能力」「学び方を考案する能力」**という意味です。言い方を変えると、**「まったく新しいことでも、短い期間で一定レベル以上まで習得できる能力」**のことです。

私は、これからの時代には、この能力を獲得することが強さの源泉のひとつになると考えています。

なぜなら、科学や技術の進化とともに、新しい分野やツールが出てきて、つねにそれらに順応し続けていかなければならないからです。

どういうことかというと……。

新しい分野・ツール群への習熟

たとえばパソコンが出現したら、多くの人はパソコンやソフトの使い方を習得する必要があります。もはや「使えません」とは言えない状況です。

あるいはスマートフォンが出たらその使い方を、ツイッターやSNSが出たらその使い方を習得しなければならない人もいるでしょう。

こちらは必須ではありませんが、使いこなすことができれば、今までは得られなかったネットワークをつくることができます。

でも、「なんだかよくわからない、面倒くさそう」と避けていると、「つながり」というチャンスを逃すかもしれません。

専門分野でも、たとえば医療関係者であれば、ヒトゲノムが解析されたらその活用方法を、金融関係者であれば、新しいリスク管理手法が開発されたらその活用方法を体得していく必要があります。

こちらもマスターすることで、従来では成し得なかった問題解決ができるようになります。

でも、「従来の技術で十分だ」「新しいことに時間をかけるのは面倒くさい」と避けていると、「利益」というチャンスを逃すかもしれません。

今後も次々に新しい分野や新しいツールが出てくるでしょう。そんなときでも、**すぐにキャッチアップできる能力があれば、時代の変化に対応でき、旧時代では得られなかったメリットを享受できる**ようになります。

変化が恐怖ではなく、チャンスになる

さらに、スキルの陳腐化リスクにも対処できるようになります。

ひとつの分野を掘り下げて、専門性を追求していくことは非常に重要なことです。しかし同時に、陳腐化のリスクにもさらされます。

身近なところでは、たとえば一太郎というワープロソフトに習熟しても、ワードに置き換えられる。クォークというＤＴＰソフトに習熟していても、インデザインにも慣れておく必要が出てきました。

ワードやエクセルといったデファクト・スタンダード（業界・分野の世界標準）となったソフトウェアの操作スキルは、当初は希少でも、やがては誰でもできるようになる。そうなると、得意だと思っていても、もはやスキルとは言えなくなります。

あるいは、スキルどころか仕事すらゼロクリアして、新しい業種・業界・分野に飛び込まざるを得なくなるかもしれません。

富士フィルムもブラザー工業も、創業時の事業（フィルム・ミシン）にこだわらず他分野に飛び込んだからこそ、生き残りができているのではないでしょうか。

私たち自身にも、部署が変わる、部署ごと廃止される、新規事業部長に任命される、会社が外資に買収されて仕事のルールが変わる、社内共通言語が変わる、会社ごとなくなる……ということが起こる可能性はあります。

そんな時代に、**自己革新・自己進化を続けていかなければ、より強い人、順応性の高い人が現われて打ち破られる**だけです。

仮に今持っているスキルが打ち破られたとしても、ラーニングリテラシーがあれば、年齢に関係なく、新しい分野に移動してキャッチアップし、成果が出せるようになります。

この「ラーニングリテラシー」とは、次の４つの特徴を持っています。

①時代が求める新しい学習分野にビビらず取り組める
②学習の初期段階で、上達の勘所・要諦をつかむことができる
③内容に応じて、自分なりの学習方法を編み出すことができる
④学んだことを実地でアウトプットでき、成果に結びつけることができる

2 ラーニングリテラシーの４つの特徴

①時代が求める新しい学習分野にビビらず取り組める

たとえばフェースブックが勢力を拡大してくると、企業や事業家は、対応しておいたほうがよいだろう、と考えます。

初期の頃は誰も使い方を知らないですし、マニュアル本もありません。そんなとき、多くの人はアカウントだけ取得しますが、それ以上は面倒くさがって後回しにします。私のことです（汗）。

一方、人知れず試行錯誤して使い方をマスターする人がいます。こういう人は一気に先駆者となり、多くの人から相談を受けるようになります。

のちに「フェースブック活用講座」というセミナーを開き、「フェースブック活用ガイド」というマニュアル本を出版します。これでもう、第一人者です。

そして、「フェースブックビジネス活用コンサルティング」というコンサルティングを企業に売り込み、大きく刈り取れるようになります。

そうした商業目的ではなくても、新しい分野に素早く対応できる能力は貴重です。

②学習の初期段階で、上達の勘所・要諦をつかむことができる

子供の頃、何をやってもソコソコうまくできる人がクラスにいたと思います。彼らは何をやっても、すぐに平均以上のレベルに到達します。

体育の授業で、跳び箱や逆上がりもすぐにできるようになる。美術の授業で、絵もソコソコうまく描ける。家庭科の授業で、大根も上手に切れる。

そうした資質は、一般的には「要領がいい」と言われますが、むしろ「飲み込みが早い」「ものごとをこなす勘所をつかむのがうまい」とも言えます。

これは仕事でも同じで、営業部へ行っても企画部へ行ってもシステム部へ行ってもすぐに順応し、成果を出すことができる人がいます。彼らは「ゼネラリスト」と呼ばれることもありますが、やはり、仕事の勘所をつかむのがうまいわけです。

つまり、**「この仕事ではどこを押さえることが重要か」を把握する能力が高い**ということです。この能力が高ければ、短期間で上達することができます。

③内容に応じて、独自の学習方法を編み出すことができる

スポーツや伝統芸能の分野では、過去数百年の研究によって、合理的なトレーニング方法が確立されています。いわゆる基礎練習とか基本とか呼ばれるものです。

プロのプレーヤーは、それら基本の上に、独自に工夫された練習により、さらに強くなっていきます。

たとえばタイガー・ウッズは、バンカーにたくさんのゴルフボールを落とし、それらを足で踏みつけ、ボールを打つには不可能とも思える状態にして、バンカーから

ボールを打ち出す練習を繰り返したそうです。

彼は、自分が改善しなければならない、あるいはより向上させなければならない技術を特定し、その克服に直結するトレーニング方法を自分で編み出し、集中して練習したのです。

人から教えられなくてもオリジナルの学習方法を編み出せるのは、訓練方法と上達の関係をとらえているからできることです。

これは私たちのスキル学習にも当てはめることができます。

先輩や上司から教わること、スクールやセミナーで教わること、本に書いてあることは、誰もが通過する基本と言えます。

その後は、

- **自分の学習目標は何か（いつまでにこの分野を、どのくらいのレベルに引き上げなければならないなど）**
- **自分はどういう学習上の特質を持っているか（すぐ飽きやすい、書くと覚えやすいなど）**
- **自分はどういう環境にいるか（いつ、どこで勉強の時間が取れるか、家ではうるさくて勉強できないなど）**

など自分が置かれた学習上の課題を認識し、どうすればその課題を解決できるかを考え、自分にとって最適な学習方法は何かを、自己責任で判断していくことです。

基本をこなしたのちは、自分の弱い部分や強化すべき部分を特定し、どのような訓練をすれば克服できるかを自分で考えることが、さらに上達するコツだということです。

そうした経験値が高まれば、新しい分野を学ぶ必要に迫られても、急速に上達させることができるようになります。

④学んだことを実地でアウトプットし、成果に結びつけることができる

当たり前ですが、ゴルフ上達法の本をいくら読んでも、実際にクラブを握り、ゴルフボールを打たなければ上達はあり得ません。

仕事でも同じで、いくら本を読んで勉強しても、「畳の上の水練」です。

たとえばプレゼンテーション。プレゼンの本を読んだり講習会を受けたりするだけでは、コンペに勝つことはできません。実際にプレゼン資料をつくり、リアルな商談の場で緊張しながらプレゼンする経験が必要です。

もっとゴルフがうまくなりたいと思ったら？

何度も何度も同じ動作を繰り返し練習することです。何万本もパターを打つことです。

プレゼンも、一度やればＯＫではありません。やはり実際に何度も練習し、評価を受け、さらに見直して練習を重ねることで上達するものです。

仕事にしろ投資にしろ、**頭でマスターしたものではなく、身体でマスターしたものだけが富を生む**のですから。

そこで次章では、細かい勉強テクニックよりも、こうしたラーニングリテラシーを高めることにフォーカスし、普遍的な学習能力を鍛える方法を中心に紹介していきます。

3　私たちが学ぶべき４つの分野

私たち社会人は学生ではありませんから、勉強を強制されることもなければ、勉強分野を指定されることもありません（たまに会社から強制・指定されることもありますが）。

学ぶのも学ばないのも個人の自由。また、何を学ぶかも自由に選べます。

そんなとき、学生時代の負の遺産が足を引っ張ります。私たちは10年以上にわたり、「これを勉強しなさい」と指示されてきたため、自分から積極的に自分独自の学習プログラムをつくる習慣がありません。

そのため、従来の受験勉強の延長線上にある、資格取得に走りがちです。勉強範囲も期間も決まっていて、何点を取ればいいかがわかっているから、考えなくていい。これはラクです。

しかし、成熟したビジネスパーソンならば、自分の頭を使って、自分に必要な学習分野を決め、自分で範囲と深さを決め、マイルストーンを設定し、自分の力で学習カリキュラムを考えることが求められます。

そしてそれは、今必要な学習分野だけでなく、2年後や5年後を見据えたものも組み込んでいく必要があります。

もしかしたら、そのテキストはまだ世の中に存在しないかもしれません。でもそれはある意味ラッキーです。

なぜなら、自分でテキストをつくれば、その分野の第一人者になるからです。学者はそうやって新しい分野を創造しています。

ただ、世の中のあらゆるテーマで本が出版されています。よほどのことがない限り、ほとんどの分野でテキストは存在しますから、学びたい分野を自由に学ぶことができます。

まずは自分が何を学ぶべきかを考える。そして、自分に合った学習プログラムを考える、というプロセスを意識してみましょう。

私たちビジネスパーソンが学習すべき分野を4つに分類してみました。

1　目の前の仕事に直接役立つ専門分野
2　自分が好き・あるいは得意で、伸ばしたい分野
3　時代に照らして必要性が高まると思われる分野
4　自分の成功の阻害要因となっているであろう弱みの分野

年代別・学習分野ウエイトのイメージ

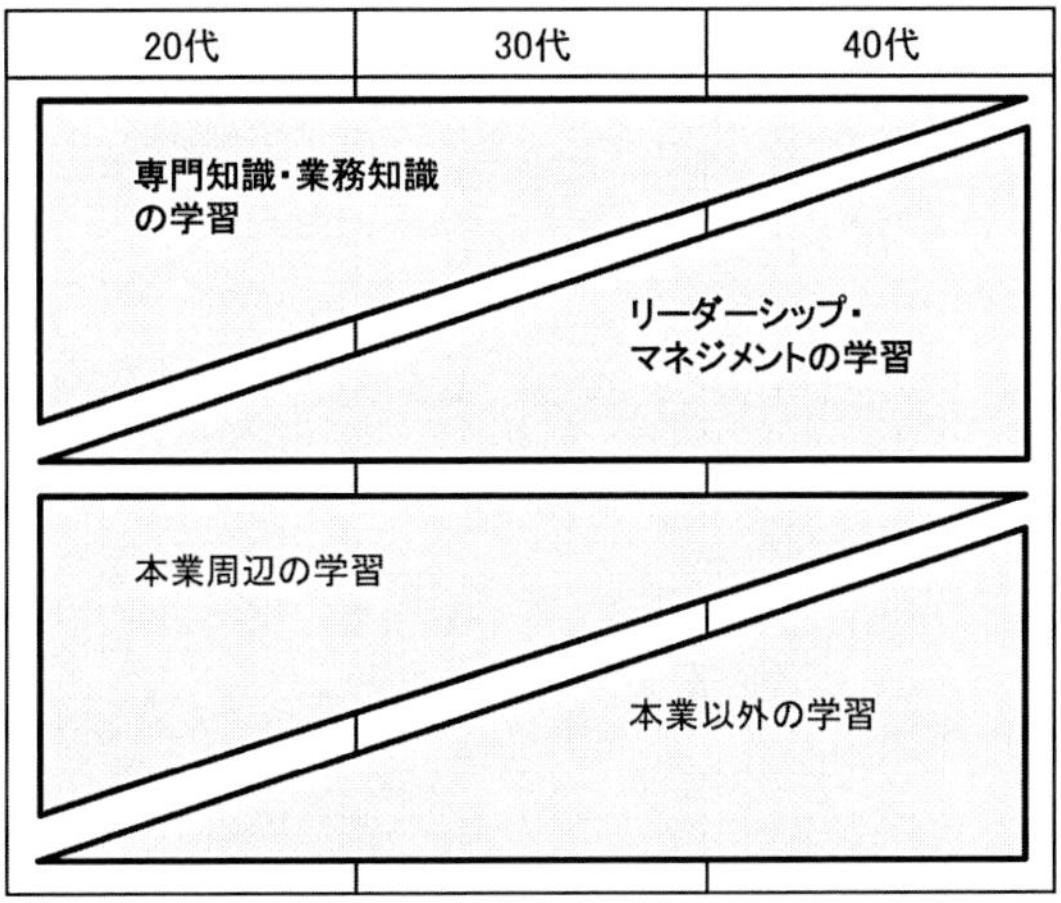

これらをどのような順序で、どのような優先順位でやるかは、本人の置かれた状況や問題意識によって異なりますが、多くの人にとっては、この４種類の学習分野があると考えられます。

１目の前の仕事に役立つこと

まずは「目の前の仕事に直接役立つ学習をする必要がある」というのはわかりやすいですね。

たとえば経理マンなら自社特有の勘定科目やお金の流れを学ぶ。総務部なら自社の就業規則を学ぶ。営業マンなら自社の商品知識を学ぶ。

それらをマスターした後に少し広げ、仕訳や財務諸表のつくり方、労働法や人事評価規定のつくり方、ライバル商品や技術動向などを学んでいきます。

さらに、周辺分野を深堀りしていく。財務会計やファイナンス全般を学ぶ、組織やモチベーションマネジメントを学ぶ、ロジカルシンキングやプレゼンテーションを学ぶ、というように。

20代は本業から逃げない

若い世代は好奇心旺盛ですから、つい自分の本業以外の分野に手を出したくなる傾向があります。また、社内にロールモデルとなる先輩や上司が見当たらない場合、社外の交流会に頼ってしまいがちです。

もちろん、これはこれで大切なことです。

特に社外の勉強会は、**自分の努力レベルと世の中の努力レベルの差を知りに行く**という意味では、貴重な経験になります。

ただし、くれぐれも、本業からの逃げにならないよう、意識が必要です。

私自身、20代の初め頃は、日経新聞や日経ビジネスを購読し、ERPやCRMなどの最新経営手法に関する本を読むといった、知識偏重の学習（というより自己満足）をしていました。

自分の本業が未熟なうちに、本業に直接関係しないことを学ぶのは、不要というわけではなく、優先順位が間違っていたな、と感じます。

当時やるべきだったのは、試算表の作成を速く正確にやること、クライアントの事業構造に関する理解を深めること、それを通じて、先輩や上司の信頼を得ることだったように思います。

30代は本業の外に世界を広げる

反対に、本業以外の周辺知識や経験を身につけていく必要のある中堅・ベテランほど、自分の本業のことにしか興味がなくなる場合があります。

本業に関することは慣れがあるのですぐに吸収することができますが、新しいことは負荷がかかるため面倒くさくなるのです。「SNSはよくわからん、細かなことは部下や後輩に振ってしまえ」となりがちです。

そんなときこそ、外部の勉強会に行くと刺激を受けます。

私も経験がありますが、仕事である程度自信がつき、ちょっとマンネリになってきた。そんなときに、グロービスというビジネススクールに行き、ほかの一流企業の人材とディスカッションする機会を得たことで、自分がいかに井の中の蛙だったかを思い知らされました。

もちろん、手を広げることが必ずしもよいわけではない場合もあります。たとえば製造業の研磨職人のように、その道のプロとして通用する分野ならば、あえてその必要はないかもしれません。

ただ、ホワイトカラーで、特に中小企業に勤めている人は、ある程度複数の役割を求められるのが一般的です。マネジメントもして営業もして広告の企画も考えてメルマガも自分で書くというくらい、仕事に幅と深さを同時に求められるようになります。

中堅こそ、「本業に直接役立つ分野」だけでなく、「本業に間接的に役立つ周辺分野」を意識して学ぶ必要があります。

2 伸ばすべき得意分野

ある程度実務経験を積むと、自分が好きな分野、得意な分野、苦にならない分野が認識できるようになります。

それは、**自分の「ライフワーク」になる可能性を秘めていますから、大事に育てていきます。**つまり、もっと伸ばすということです。

経営コンサルティングファームの人と打ち合わせをしていると、「難易度の高い案件ほど燃える」というコンサルタントに遭遇します。不動産の仕事をしていると、「売れることが快感」という営業マンに遭遇します。書籍の仕事をしていると、「編集の仕事って天職」という編集者に遭遇します。

こういう、心から打ち込める仕事に就けた人は、本当にハッピーだと感じます。

得意分野だからこそ、時間を忘れて没頭します。そんなときは、トコトンまでやります。多少偏ったとしても、そういう時期も必要です。

得意分野であれば、すでに脳の神経伝達回路が順応していますから、より少ない学習時間で新しい関連知識を習得することができます。

そこで、専門書や専門の講座などの理論を学び、再現性につながるロジックを深堀りしていくこともよいでしょう。

勉強が必要な仕事を積極的に受ける

そして、より難易度の高い機会を自ら開拓していきます。

たとえばウェブデザイナーであれば、デザインソフトの高度な操作を習得し、顧客の漠然としたニーズをデザインレイアウトに落とし込めるよう、質問やヒアリングする力をつける。

さらに、顧客のビジネスを理解し、ウェブサイト制作の目的（情報提供することか、サイト上で販売することか、問い合わせを増やすことかなど）を理解し、それに合った顧客動線をつくるという、マーケティング的な発想で考える。

高度なプログラミング技術を使ったサイト制作にチャレンジする。

自分でもサイト運営をすることでマーケティング思考を実地で経験し、制作の現場へフィードバックする。そのノウハウをベースにウェブコンサルティングができるようになる、というふうに、より高度なスキルが身につく機会をつくっていきます。

そうやって、誰も追いつけない高みに上れるよう、チャレンジを続けます。

どのスキルも突き詰めれば、余人を持って代え難い存在になります。本物はいつの時代も強いものです。

3 時代が求めること

時代の移り変わりを意識して、新しい学習分野に取り組んでおくのも必要なことです。

弁護士も会計士も余り、法律事務所や監査法人に就職できない合格者が増えています。データがダウンロード全盛になれば、ＤＶＤやブルーレイに携わっている技術者も余るかもしれません。そのため、技術や時代の変化とともに自分の仕事がなくなるリスクに備えておくことも必要ではないでしょうか。

自分が生き残れる分野を先読みする

そこで、将来ニーズが高まりそうな分野に先鞭をつけておきます。

たとえば、スマートフォンのＯＳであるグーグルのAndroid市場が巨大になると考えられるなら、ＩＴ技術者はＪＡＶＡ言語を学ほうと考えるでしょう。そうではなく、やはりアップルのｉＯＳだと考えるなら、オブジェクティブＣ言語かもしれません。

中国が世界一の経済大国になると考えて中国語を学ぶかもしれませんし、将来はブラジル関連ビジネスにチャンスがあると考えてポルトガル語を学ぶかもしれません。

つまり、自分なりに世界の動きとニーズの動きを予見し、自分が生き残っていくべき分野を探し、新たに習得していくという取り組みです。

そしてそれは、**習得に時間がかかるもののほうが参入障壁となり、他者は容易に追いつけなくなります。**

ただ、トレンドの方向性を見誤って違う山に登ってしまうこともあり得ますから、最初に自分がその分野でどうやって刈り取るのか（ビジネスチャンスにするか）をイメージして学習を始めます。

たとえば、プロダクトやコンテンツを企画するのか、つくるのか、流通させるのか、教えるのか、派遣するのか、マッチングさせるのか、マネジメントするのか、などの稼ぎ方ですね。

４　克服すべき弱点分野

たとえば、首相になりたい政治家がいたとします。非常に勉強熱心で、有権者との対話も、若手政治家への面倒見もいい。官僚とのコネクションも強く、信頼関係がある。彼の努力の姿をみな知っているから、好感を持っている。

しかし、もし彼が公的な場での失言が多いとしたらどうでしょうか。失言の多い政治家は、マスコミがすぐに揚げ足取りをする日本では致命的です。

どんなに優秀で、どんなにリーダーシップがあっても、マスコミから叩かれて支持率は低下し、自分たちの次の選挙も危うくなる。やはり彼は首相にはできないな、と周りは考えるでしょう。

仕事でも私生活でも、自分の足を引っ張っている要素があるかもしれません。そこで、「努力しているのになぜか芽が出ない」と感じたら、友人や同僚、家族に、自分が成功しない致命的な欠点は何か、と聞いてみましょう。

するとたいてい、「やっぱり……」と、自覚していながら認めたくなかった、耳をふさぎたくなる答えが返ってきます。

欠点を早期に克服しておく

基本的には、好きなこと、得意なこと、打ち込めることが学習の中心となりますが、そうは言っても、**チャンスを妨げる致命的な弱点があれば、活躍の場が得られないかもしれません。**

そうした分野はなるべく早期に克服したいものです。それには、やはり時間と労力を投下する必要があります。

たとえば文系の学校に進学した人の多くは、数学が苦手です。苦手な理由は、実は、訓練不足なだけなのです。

数学は、歴史や英語などとは異なり、以前に習ったことを前提にして授業が進められるため、初期の段階でつまずくと、その後で習うことがサッパリわからなくなります。

それに、数学は公式などの解法を知らなければ解けないという側面もあり、ちょっと勉強をサボればテストでも散々です。イヤになります。ますます勉強しなくなり、ますます苦手意識が強くなる、という悪循環に陥ります。

しかし、まじめに勉強すると、数学ほど得点に結びつきやすい科目はありません。実際、文系で数学の受験科目が選べる大学では、数学を選んだ人の合格率が高いという話を聞いたことがあります。

私も高1の頃は数学が苦手でしたが、センター試験では最も高得点が取れました。

ビジネススキル分野でも同様にスキルの多くは訓練によって改善できます。……とわかっているのですが、どうしても手付かずで放置してしまうんですよね……。反省（笑）。

《カキコミ式》学ぶべき4 分野を自分で決めていく

今～1年以内に必要	将来（2～5年先）に必要
目の前の仕事に役立つ	今後、時代が求める
伸ばすべき得意分野	克服すべき弱点分野

第3章　パーソナル学習プログラムを効果的に運用するための10のファクター

本章では、「ラーニングリテラシー」を高め、自分オリジナルの「パーソナル学習プログラム」をつくるための「コア学習法」を10個ご紹介します。

1　脳神経活性学習法
2　オブジェクト情報学習法
3　クリティカル学習法
4　ライブ学習法
5　ティーチング学習法
6　非暗記学習法
7　図解学習法
8　フィードバック学習法
9　フレームワーク学習法
10　アンラーン学習法

もちろん、これら10個の要素をすべて満たさなければならないというものではありません。学習しようとする対象やその特性に応じて、考慮すべき項目も変わってきます。

たとえば、これから初めて学ぼうとするのであれば、1の「脳神経活性学習法」や4のライブ学習法」を取り入れるとよいのではないか。

反対に、すでに初級レベルはクリアし、より上級レベルを求めようとするならば、5の「ティーチング学習法」や8の「フィードバック学習法」を意識したらよいのではないか。

覚えることが中心であれば、6の「非暗記学習法」、読むことが中心であれば、2の「オブジェクト情報学習法」を意識してみよう……など。

いずれにしても、自分が陥りがちな学習の罠を自覚し、その克服につながる要素を取り入れてみることです。それによって、より学習効果が高まり、さらに付加価値の高いアウトプットができる自分、満足度の高い自分へと進化させることができます。

1　脳神経活性学習法

　学習の初期は、やる気に満ち、集中力があります。この段階で一気に全体像を詰め込んでしまいましょう。**短期間で全範囲をざっとインプットすると、習得の範囲がイメージできます。**資格試験などではおなじみの方法ですね。

　範囲がない分野でも、初歩的な内容を大量にインプットしてから、じっくり詳細に入る方法が効果的です。集中的に量をこなすと、その分野に慣れて、脳に馴染むような感覚になります。

短期集中インプットで記憶と理解が進む

　たとえば英単語を覚えるときも、短期集中です。毎日10個ずつ10日かけて１００個覚える悠長な方法では、次に同じ単語に出会うのは10日後です。次に出会ったときにはすでに忘れていて、学習効果が損なわれてしまいます。

　そこで、毎日10個ずつではなく、毎日１００個覚え、まったく同じ作業を10日間繰り返すようにします。つまり、毎日同じ単語に出会えるようにするのです。

　多忙な社会人にはちょっと大変かもしれませんが、「今日から10日間だけは何があっても続けるぞ」と期間限定で取り組めば、やり遂げられるのではないでしょうか。

最初に全体像を俯瞰する

　あるいは新しいソフトウェアの使い方を覚えるとき、いきなり分厚いガイドブックを買ってきても、見方がわからず挫折してしまいます。

　そこでもう少しお金を投資して、１日速習コースなどのスクールに通ってみましょう。ひととおりの基本的な操作を経験すると、その後の細かな操作方法も覚えやすくなります。

　私もアドビ社の描画ソフト「Illustrator」を習い始め

たとき、スクールの短期コースのＤＶＤを大量にイッキ見し、同時に写真加工ソフト「Photoshop」も習いました。メーカーが同じで操作性も同じなので、とっつきやすいのです。

これら2つのソフトはデザインの現場でプロが使う奥の深いものですが、基本的な操作方法の全体像を理解しておけば、あとは自分でガイドブックを見ながら独習できるようになります。

《応用編》即席専門家になる方法

経営コンサルタントは、未知の分野でも問題解決を提供できるところに価値があります。とはいえ、やはりある程度の知識がなければ、仕事を受注することはできません。

「私たちはあなたの業界のことをよく知っていますよ」という前提で、「私たちの提供するこのプロジェクトによって、こんな変革と効果が期待できます」と提案します。

コンペの依頼を受けてから実際にプレゼンするまでの短期間に、クライアントが属する業界の歴史・勢力地図・構造・ビジネスモデル・市場規模推移・業界の課題や未来予想などなど、徹底的に調べ上げます。

もちろん、その業界に関する知識はクライアントのほうが圧倒的に多いのですが、1〜2週間でクライアントと対等に議論できるまで頭に叩き込みます。

そこで、コンサルタントがやっている、新しい分野の知識を速攻で高める方法のひとつをご紹介します。

それは、シンプルに、短期集中的にその分野の文献を読みこなすことです。

関連本5冊をイッキ読み

まずはそのテーマの本を5冊買ってきます。

最初は、ページ数が少なくて、全体像がわかる本からスタートします。すると、後で読み込む文献が、その分野のどこを解説しているのかという、位置関係を把握しながら読めるようになります。

『やさしい〇〇』『初めての〇〇』『〇〇入門』でもよいですが、できるだけ網羅感があり、その中でも定番として長く売れている本がよいでしょう。

ひとつの分野の文献を大量に読んでいくと、知識が蓄積されます。重要なキーワードや項目はどの本にも繰り返し何度も出てくるので、記憶に残ります。

そうすると、次に読む本でかぶっている情報、すでにインプットされた情報は飛ばすことができます。**未知の情報だけを拾っていけばいいので、読書スピードもどんどん速くなります。**

短期間に読む冊数が増えていけばいくほど、記憶に残る内容が多くなり、飛ばせる量も多くなります。

そうやっていくと、数時間で5冊くらいの本は軽く読めてしまいます。

関連記事をイッキ読み

次は、本だけでなく、業界紙、専門誌、「日経テレコン21」で検索した膨大な量の新聞・雑誌記事などを読み込みます。

書籍は著者の価値観や分析した内容が中心ですが、新聞雑誌はより実務レベルに近い記事が豊富なため、現場で起こっていることが生々しく感じられます。

そうやって量をこなせば、脳の中に「これはこういうこと」「この分野にはこういうトピックがある」というインデックスができてきます。新しい情報に出会っても、何のことを言っているのかスピーディーに理解することができます。

その際、「もし自分がコンサルタントなら、既存の企業に対してどういうアドバイスをするか」とイメージしながら読むと、より構造化された理解が進みます。

たとえば、「この分野での重要なファクターは３つあります。それぞれのファクターで御社が満たすべき条件について説明しましょう……」などと、頭の中でアドバイスのロールプレイングをしながら読むのです。

これはちょっと時間がかかる方法ですが、その業界の人とある程度の議論ができるくらいのレベルになります。

2 オブジェクト情報学習法

情報を得たい分野について強い興味関心を持てば、意識しなくても自動的に最新情報が集まります。

自分のパソコンのブックマークを見てみれば、どういう分野に関心があるか、一目瞭然です。毎日見ているウエブサイト、購読している雑誌、それらは特に「勉強しなきゃ」とは考えませんよね。私も趣味のクルマや投資では、いつの間にかブックマークの数が膨大になっています。

私がコンビニで働いていたときは、「商業界」「コンビニ」「販売革新」といった業界専門誌を購読していました。

これらには、「新商品のコーヒーを陳列棚の上から何段目に何フェイスで並べるか」なんていう、普通の人にはどうでもいいテクニックが細かく掲載されています。そういった細かな情報すら貪るように読むため、いつの間にか膨大な情報量がインプットされることになります。

経営コンサルタントになってからは、企業戦略に関する本をよく読んでいましたし、投資をするようになってからは投資の本、起業してからはマーケティングの本が、いつの間にか自宅の本棚を占めるようになります。

興味関心があれば、意識しなくても情報は自然に集まりますから、「情報収集」それ自体には特別なワザもテクニックも必要ないということです。

つまり、まずは目的（オブジェクト）をはっきりさせるのです。

洞察力を鍛える

そうでない分野は、意識して情報収集することになります。幅広い情報があれば、より多くを知ることができ、より多くのヒントにつながりますから、豊富に情報を集めるというのは、有効な場合もあります。

しかし、情報収集には際限がありません。都心の大型書店に行くと、自分が調べたい分野の本はたくさんありますし、海外の文献やネット上の情報なども含めると、その量は膨大です。

時間がいくらあっても足りず、アウトプットの時間が少なくなってしまいます。

そこで重要になるのが、限られた情報からでも、いかに多くを知るかという洞察力です。**洞察力をつける方法のひとつは、ある情報や事象の背景にいる人々の活動を想像する**ことです。「ファンクショナル・アプローチ」で有名な友人の横田尚哉氏に教えてもらった方法なのですが、「誰のために？　何のために？」を考えるのです。

あらゆる経済活動や制度は、誰かのメリットになることを意図されていますから、「何のために？　誰がトクするのか？」という質問を立てながら読み取ると、ひとつの情報から、広く展開していくことができます。

他人が気づかない、細かな差異を見分ける訓練

プロテニスプレーヤーは、相手の素振りを見ただけで、強いのか弱いのか、あるいはそのフォームのよしあしの理由を指摘することができます。しかし、アマチュアにはその差異がわかりません。

プロの飲食店コンサルタントは、店に入るなり、改善が必要な点をいくつも指摘することができます。しかし一般人は、よい悪いといった大雑把なレベルでしか指摘することができません。つまり、**上位者とそうでない人を分かつのは、細かな差異を見分けられるかどうか**と言っても過言ではありません。

ではは初学者がそういう力を身につけるにはどうすればいいかというと、ひとつの方法は、専門の理論書を紐解くことです。なぜなら、**理論は経験の浅さを埋める役割を果たしてくれる**からです。

相対的に少ない読書量、少ない経験量でも効率よく学ぶためには、上位者とそれ以外の人とを分かつ、細かい差の意味や重要性を理解することが必要です。

そして理論書には、そういった細かい差を識別するための正確な評価方法や視点が、微に入り細に入り書かれています。

理論書を読み通すのが大変な理由はこのあたりにもあるのですが、こういったことを理解すると、経験が少ないときには大したことはないと思っていたことが、実はとても重要なことだとわかる場合があります。

たとえばセールスコピーの本を読んだだけでは、業種業界も商品も異なった場合、本の内容を応用し、売れるコピーをつくるのはなかなか難しい。

そこで行動心理学・行動経済学のテキストを読むと、なぜ宝くじの広告が、「当たる確率」ではなく「当たる本数」を訴求しているのかが「理屈」としてわかるようになります。そうした知識が、再現性を生むのです。

《応用編》意見・主張には、4種類がある前提で検証する

情報収集をネット検索や書籍で行う場合、自分の主張を支える材料だけを集め、自分の主張とは異なる情報を切り捨ててしまうリスクがあります。

仮説を持って情報収集にあたることは重要ですが、**意見や主張には、「肯定」「否定」「中庸」「第3の意見」といった、最低でも4種類があるという前提で、多面的に検証することが必要**です。

たとえば、裁判員制度に対して反対意見を持っていたら、調べる情報は反論をサポートできる材料だけ、とい

うことが起こりがちです。それでは、今までの自分の主張を補強するだけで、何ら新しい学びが得られないことになります。

そこで賛成意見も調べてみるのです。「裁判員になった市民の中には眠れないほど悩む人もいる」という情報があれば、「善悪や犯罪の重さを、改めて真剣に考える貴重な機会になる」と言うことができます。

中庸の意見とは、賛成反対の両方をミックスさせた主張のことです。

たとえば、「国民の関心が集まる大きな事件を裁判員制度、そうでないものは従来どおり裁判官がやる。あるいはその逆」という考え方もできます。

第3の意見とは、賛成でも反対でも中庸でもない、新たな主張のことです。

たとえば、「裁判員は法律学者と弁護士が持ち回りで担当する。それによって学問の法律と実社会の法律の融合が図れる」などの考え方ができるかもしれません。

実際には、もっと少ない場合や、もっと多い場合もありますが、「まずは4種類の意見を探せ」という前提で臨むと、偏見やモレのない検討をしやすくなります。

3　クリティカル学習法

参観日に学校に行くと、よく教室の壁に子供たちの絵が貼ってあります。同じものを描いても、ずいぶん見え方が異なるものだなと感じたことはないでしょうか。

オリジナリティとは、誰も思いつかないことを発想することではなく、同じものを見ても違う発想ができるということです。そしてそれは、価値を生み出すときに「個性」と呼ばれ、価値を生み出さないときに「偏見」と呼ばれます。

たとえば、「最近の若者はメールやケータイゲームばかりでけしからん」という発想をすれば何も生み出しません。しかし、「デジタルネイティブである彼らの意見を集めて商品開発しよう」という発想をすれば、新しい価値を生み出せるかもしれません。

目に映っているものは同じでも、人によって感じるものが異なるのは、脳のフィルターが異なるからです。つまり、脳のフィルターを取り替えれば、目に映るものを価値に変え、学びに変えられるということです。

そのためには、あえて立ち止まってクリティカルに見るよう、意識することが必要です。

ＷＨＹ発想でものごとを見る

脳のフィルターを取り替える方法のひとつは、**「なぜこうなっているのだろうか？」という疑問をつねにぶつけ続ける**ことです。

事象は表面的なものであり、その奥には必ず理由があります。

移動販売のランチに並んでいる間、「前の人、さっさとしろよ」とイライラするのではなく、じっと観察して、「なぜ、こうなっているのだろうか？」を考える。

・ケータイに登録すると、その日のメニューをメールしてくれるサービスがある

↓これをチラシ代わりにして来店を促す狙いなのね

・雨や雪が降ると、１００円引きというＰＯＰが出ている

↓客足が鈍い雨や雪の日に来店を促したいという狙いなのね

・13時を過ぎると、50円引きというＰＯＰが出ている

↓残るとヤバイから、安くして在庫ゼロにしたいという狙いなのね

・お友達を紹介すると、50円引きというＰＯＰが出ている

↓新しいお客さんが来てくれてリピーターになればいいなという狙いなのね

言われてみれば誰でもわかる当たり前のことですが、それがぼんやりとではなく、明確な理屈として認識されると、再現性のある知識として活用することができます。

現場を見る

ビジネスパーソンにとっての勉強とは、机に座ってするものではない、という理由は、現場にこそ学べるものがたくさんあるからです。

たとえば富士山の頂上に登った人が語る富士山の魅力と、テレビで観ただけの人が語る魅力とでは、どちらに説得力を感じるでしょうか。

戦争、震災、宇宙旅行、オリンピック……。悲惨な経験にしろ感動体験にしろ、実際に体験した人の話の中にこそ真実があり、それが人の心を震わせます。

コンビニに入社して2年目、アメリカの流通業を視察する研修旅行に行きました。私にとって生まれて初めての海外旅行。そして、生まれて初めて見るアメリカの巨大なスーパーマーケット、ドラッグストア、書店、カフェ、ショッピングモール、専門店……。

日本の小売業しか知らなかった自分には、大きな刺激となりました。当時は意識して現場から学ぶ視点を持っていませんでしたから、おのぼりさんで終わってしまいました。それでも「やっぱ見なきゃわかんねえ」という原体験になりました。

帰国してからは、休みのたびに新しい商業施設や話題の店に行き、コンビニに応用できないかを考えるようになりました。

問題解決のヒントはどこにある？

説明やプレゼンの際にも、実体験があるのとないのとでは、迫力や説得力に雲泥の差があります。

経営コンサルタントは、本社で依頼を受けても、必ず現場に行き、現場で話を聞きます。

私自身、コンサル時代に物流企業の案件を手がけたときは、実際に物流倉庫に行き、トラックにも一緒に乗りました。製造業では深夜の組立工程に立ち会い、石油化学企業のときは石油精製プラントで作業着を着て、ヘルメットをかぶって現場の人にインタビューしていました。社員と勘違いされ、台車で荷物を運ばされたこともあります。だからこそ、自信と説得力を持って提案することができるのです。

本社の、特に経営企画部など社内でも優秀な人材が集まっている部署の中には、現場をあまり見ていない人もいます。経営トップも、あまり現場を知らない場合もあります。

「踊る大捜査線」で有名な、青島俊作刑事のセリフ「事件は会議室で起きてるんじゃない。現場で起こってるんだ」のとおり、ビジネスの問題も本社ではなく、現場にあります。そして問題解決のヒントも、やはり現場に落ちている。

でも**わざわざ現場に行くのって時間もかかるし面倒くさい。**夏は暑いし冬は寒い。机に座ってデータを分析したり、何か読んでいたりするほうがラク。

だからこそ差がつく。現場を見るというのは、ビジネスパーソンにとっては欠かすことのできない重要な学習です。

《応用編》常識を一つひとつ疑い、自分で確認する

先日、金融投資事業の打ち合わせをしていたときに、「レバレッジはできるだけ高く設定するほうが安全ですよ」という説明をしたら、こんな反応が返ってきました。

「えっ？　レバレッジは低いほうがリスクが小さく、高いほうがハイリスクなんじゃないんですか？」

私は、「なぜですか？」と聞き返しましたが、相手は「いや、なんとなく……」という答えでした。そして、「レバレッジが高いほうがハイリスクって、誰から教わったんですか？」と聞いたところ、「いや、誰というわ

けじゃなく……」という答えでした。

さらに移動平均線やボリンジャーバンドといった、いわゆるテクニカル分析を使わずに利益を上げる方法を紹介すると、「それで儲かるなんておかしい」という指摘を受けました。

おそらく彼には、「金融商品はテクニカル分析を使わなければ勝てない」という価値観があり、それ以外の方法論を受け入れられないのかもしれません。

このように、私たちは誰から教わることもなく、理由を調べることもなく、体験することもなく、ただ**周囲から断片的に入ってくる情報をもとに思い込みを形成し、自分の意見にしていることがあります。**

知識が偏見になるとき

既存の知識に対して疑問を持ち、確かめるという学習へと舵を切らないと、私たちの固定観念や先入観はますます増え、強固になっていきます。

自分の見たいものしか見えず、自分の価値観にないものは排除するようになると、チャンスを逃したり、損失を被ったりすることになりかねません。

歴史の学習はその最たるものです。歴史とは、ひとつの事実に対して、さまざまな利害関係者がいて成り立っているものですから、本来は多様な観点から考察しなければ、歪んでしまいます。

ローマ帝国がヨーロッパを制圧したという歴史も、滅ぼされた国家には歴史は残りません(あるいは書き換えられる)から、現在の歴史観は、実は偏っているかもしれないのです。

中国や韓国の対日感情がよくないのは、そうした歴史の刷り込みがあるからだと言われています。日本の歴史の授業でも、アメリカとフランスと中国から歴史の教科書を取り寄せて学べば、今までとは違った国際交流につながるのではないでしょうか。

そういえば、第二次大戦下の硫黄島での戦闘を、日米両国の立場から描いたクリント・イーストウッド監督の映画があります。アメリカ側の視点で描いたのが「父親たちの星条旗」、日本側の視点で描いたのが「硫黄島からの手紙」ですが、素晴らしい映画だと感じます。

もちろん、すべてを自分で確認することは物理的に難しいですが、なるべく自分で実際に確認する習慣を持ちたいものです。

4 ライブ学習法

初めてのものは、独学よりも人から教えてもらったほうが効率的にマスターできます。

たとえば、パソコン操作のガイドブックを読んでもよくわからなかったけど、職場の隣の人に聞いたらすぐに解決した、という経験はよくあるのではないでしょうか。

習いごとでも、通信教育よりも通学講座に通ったほうがよく理解できます。

私も簿記を習ったとき、通学講座が始まるまでの間に、ちょっと予習しておこうと思って本を読んだのですが、まったくチンプンカンプンでした。しかし、通って講義を受けてみると、みるみる理解できたのです。

やはり、ただ文字を読むのとライブで聴くのとでは、大きく違うのだなと感じました。

セミナーや講演なども、生で聴いたほうが気持ちも高ぶり、記憶に残ります。音楽もＣＤで聞くよりライブやコンサートのほうが、迫力・感動・興奮が全然違いますよね。臨場感だけではなく、そこにいる人たちでつくられる場の空気といったものが作用するのかもしれません。

近くにスクールがないとか、通う時間がなくて通信教育で受講する場合も、ＤＶＤなどの動画を使った教材があれば、よりライブに近づきます。ただテキストを読むだけとか、音声を聞くだけよりも、理解度が格段に上がります。

ライブに行く３つのメリット

習いに行くことのメリットは、強制と修正が得られる点、そしてエンタテイメントにあります。

ライブのメリット①――強制力

たとえば、テキストに問題演習があったとします。あるいは新しいプログラム言語の記述があったとします。ヨガのポーズがあったとします。

独学であれば、面倒くさくてスルーしてしまうかもしれません。別に誰からも怒られるわけではないので、やらなくても問題ありません。

しかし、実際にスクールや会場に行っていれば、一人の場合とは違って緊張感があります。周りの人が全員取り組んでいるので、自分だけ何もしないわけにはいきません。講師からも「はい、やってくださいよ～」と行動を促されます。

他人が周りにいるという緊張感、ほかの人に遅れたくないという見栄やプライド、そして講師からのプレッシャーがあります。そして実際に体を動かすことになります。そのため習得が速くなります。

ライブのメリット②――修正力

もうひとつ、間違えていたときに直してくれるというメリットがあります。

答えが間違っている、つくったものがうまく動作しない、味が違う、体の位置が違うという場合にも、講師が指摘してくれて、素早く修正することができます。

一人でうんうん悩む必要もなく、間違った理解のまま進めてしまうことを防いでくれます。

ライブのメリット③――エンタテイメント力

本や通信講座は、基本的に相手任せですから、受講生が実践しなくても挫折しても、供給側にとってはどうでもよいことです。

しかしライブは、そういうわけにはいきません。受講生から「つまんない」という評価を受ければ、次から客は入りませんから、受講生が楽しく理解できるように、工夫を凝らしています。


今、この原稿を都内のスターバックスコーヒーで書いていますが、目の前で店舗主催のコーヒー教室が開かれています。

どうやら個店レベルでの有料イベントのようですが、事前に予約しておけば、スターバックスの社員が講師となって、コーヒーの歴史・産地・豆の特徴、味の違い、おいしいいれ方などをレクチャーしてくれる、というものです。

私もパソコンのキーボードを叩きながら耳ダンボになって聴いていたのですが、ときどき爆笑する場面もあり、とても楽しそうです。

イラストのパネルを使ったり、講師自身の体験談が披露されたり、実際に豆をひいて飲み比べたり、お互いに感想を言い合ったりと、理論と実践をうまく組み合わせた講座になっています。

あまりに楽しそうなので、「次は自分も受講したいなあ」と感じましたが、受講生は全員、若い女性でしたので、ちょっと気後れしそうです。女性のほうが、文化・教養的なものにも幅広く興味を持っているということかもしれません。


少し脱線しましたが、講義にしろ講演にしろ、コーヒーセミナーにしろ、お金をとっている以上は、彼らも仕事です。

しらけたライブをやるわけにはいきませんから、供給側に緊張感があり、そこにもライブならではの高い価値があると感じます。

このように、ライブはいろいろな効能がありますので、思い立ったらスグ習いに行きたいものです。

《応用編①》コーチやメンターから学ぶ

将棋の対局を外野から見ると、もっとよい手があることに気がつきますが、本人はなかなか気づくことができません。

ビジネスでも、自分の姿や能力を客観的に見ることは難しく、過大評価か過小評価になることがあります。

そうして**軌道修正がなされないまま年齢を重ねると、もはや手遅れ**です。足りない能力に気がつくこともなく、必要な思考体系や行動体系に気がつくこともなく、凝り固まってしまいます。

身動きできない、使えない人材の「一丁上がり」かもしれません。

経営者になれば、もはや自分の行いについて指摘してくれる人は誰もいませんから、間違っていても、気づいて修正することは難度の高い技術と言えます。

そのまま暴走したり、ジワジワと崖っぷちに向かって進んだりすることになるかもしれません。

そこに、ビジネスコーチやメンターの存在意義があります。ビジネスコーチやメンターがいれば、自分に何が不足しているのか気づくことができます。

フィギュアスケートで、コーチを変えたとたんにメキメキ実力をつけ、世界選手権で上位に食い込んだという話をよく聞きますが、スポーツや芸能の分野でも、誰につくか、誰の門下に入るかによって、成長度合いはまったく異なるようです。

自分に足りないものを気づかせてくれる

私の友人に女性のビジネスコーチがいて、彼女にコーチングの有効性とコーチの見分け方を聞きました。

優秀なコーチとは、答えを教えるのではなく、本人が自分の力で答えを見つけられるように導く存在だそうです。

大切なのは、**教えてもらうのではなく、自分で気づく**

こと。自分で認識することによって初めて腹に落ち、必要性を感じ、行動するからです。

ただ、自分で気がつけることには限界があります。自分で思っているほど自分を理解しているわけではなく、あるいは自分では気がつかない能力が眠っている場合もあります。

優秀なコーチはそのナビゲーションがうまいですから、短時間で効果が発現します。それが自分のさらなる成長につながります。未知の自分を開眼することもあり得るのです。

個人でもコーチを利用することは可能です。ネットで「コーチング」「ビジネスコーチ」「NLPトレーナー」と検索すれば、コーチングを職業としている人のウエブサイトがたくさん出てきます。

しかしコーチングビジネスは参入障壁が低い業界で、実力は玉石混交ですから、直接会って選別しなければならないとのことです。

《応用編②》パーソナルトレーナーから学ぶ

大人にも英才教育が可能です。それがパーソナルトレーナーを雇うという方法です。お金はかかりますが、一足飛びに上達することが可能になります。

たとえば英会話教室で、金額の安いコースはグループレッスンです。その場合、ほかの生徒のどうでもいい発言を（失礼）黙って聞くことを強いられます。

4人いれば、1時間のレッスンでも自分には15分しかありません。つまり、1時間費やしても15分しか学んでいないことになります。

マンツーマンなら、1時間がまるまる自分のものです。自分の弱いところだけを繰り返し練習できます。納得できるまで何度でも繰り返し質問することができます。

ゴルフでもスイングや打ち方のクセを矯正するには、プロゴルファーに個別に教えてもらうのが一番です。

フィットネスクラブでも、パーソナルトレーナーに、自分の生活習慣と現在の筋力に合わせたプログラムをつくって、トレーニングを見てもらったほうが、ケガもなくシェイプアップできるでしょう。

私の知人の為替トレーダーは、FXの個別レッスンをしているそうですが、確かにマーケットを見ながら売買タイミングを教えてもらったほうがわかりやすいと言えます。

パーソナルトレーナーを雇うことは、階段からエレベーターに乗り換えるということです。時間をお金で買うという発想ですね。

5　ティーチング学習法

「人に教える」というのは、非常に学習効果が高い方法です。受験予備校では、講師が最も知識量が多いのですが、やはり教えるという経験を数多く踏んでいます。

「売れない営業マンは説明に終始するが、売れる営業マンは顧客を教育する」ということを聞いたことがあります。「ただ知っている」というだけでは説明することはできても、教えることはできないということでしょう。

学生時代に通った簿記の専門学校で、講師が「初心者向けのコースが、教えるのが一番難しいんだよ」と話していたことがありますが、初級者にもわかりやすく伝えることは、ものごとをよく理解しておかなければできないことです。

難しい言葉を、「つまりどういうことかと言うと」と言い換えたり、「たとえば」と具体的な事例を使ったりしますが、それは自分がその本質をとらえているかどうかのリトマス試験紙になります。

そうやって情報を自分の言葉に変換する過程で、理解と記憶がより強固になります。そして、理解不足であるところは、うまく説明できないとか言葉につまずいたりするので、自分の弱点も明確になります。

ですから、**「習ったら教える」という場を積極的につくりたい**ものです。

私の場合、習ったことを自分で試して成果が出たら、セミナーや講演で話すようにしています。あるいは、社内で勉強会を開いたり、ロールプレイングをしたり、というのも効果があります。

《応用編》ピア・ラーニング——多角的学習

複数人でディスカッションするというのも学習効果が高い方法です。自分の頭だけではなく、複数の頭脳を活用できる、つまり使えるリソースが増えるのです。

同じテーマでも人によって意見や感じ方が異なりますから、自分にはなかった認識の仕方、とらえ方、着目していなかった点に気づき、より多面的な理解が可能になります。

経営コンサルタントがよく使うセリフに、**「ちょっと頭借りていい？」**というものがあります。これは、プロジェクトで煮詰まったときに、そのプロジェクトにまったく関係ない別チームのコンサルタントの席に行って、ミニブレーンストーミングをさせてもらうことです。

相手はその論点についてはまったくの第三者ですから、「それってどういうこと？」「つまり何が重要なの？」「それって必要なの？」「そもそもなんでそうなってるの？」と、子供のように素朴な質問やツッコミをしてくれます。

そうすることで、**自分には気がつかなかった課題のモレやズレ、ブレークスルーにつながるアイデアを発見することがあります。**少なくとも、論点の整理には非常に有効です。

同じテーマで複数の人が自分の意見を持ち寄りディスカッションする「勉強会」や「読書会」の効用はここ

にあります。

自分はネットと新聞で調べてきても、ほかの人は国会図書館で学術書を読み込んできているかもしれない。ある人は海外の論文を調べてきているかもしれない。業界人脈が豊富な人が取材してきているかもしれない。

各人が異なる情報源を参照して自分の意見を形成してくるわけですから、他人の時間を使ってさまざまな資料や文献にあたれるようなものです。まさに他人のリソースを活用した学習方法「ピア・ラーニング」です。

6　非暗記学習法

思考力を鍛えることが重要であるとはいえ、知識や覚えることをおろそかにしてよいということではありません。

ヒラメキとは、過去に蓄積された知識が結びつき、化学反応を起こすこととも言えます。インターネットの知識があるからこそ、ＳＮＳという発想ができるとか、会計の知識があるからこそ、企業の財務健全性を評価することができるということもあるでしょう。

ピア・ラーニングとは他人のリソースを利用すること

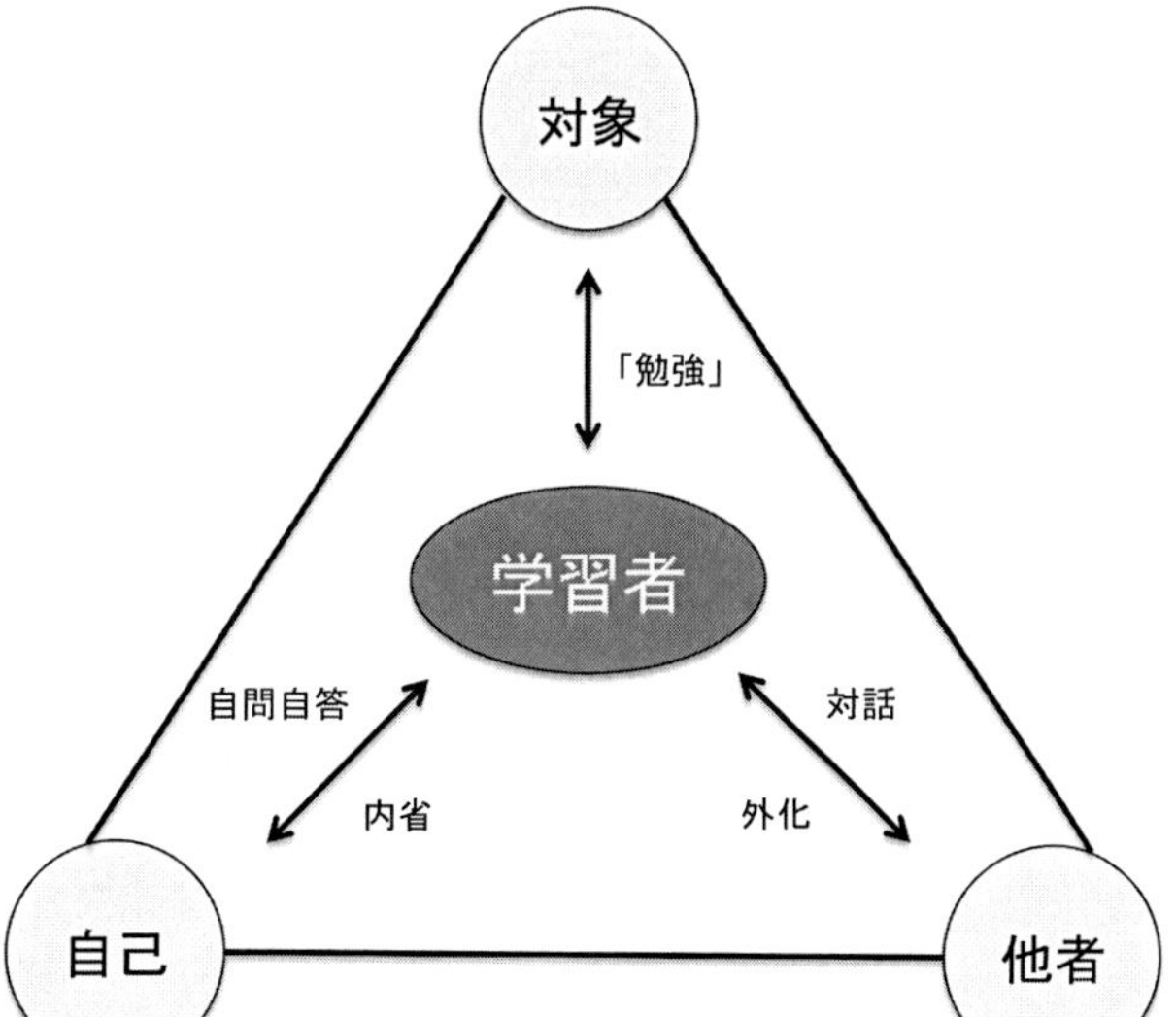

さらに、日常で発生する問題には知識で対処できることもありますし、知っているだけで差がつくことも数多くあります。

思考や発想のベースとなる知識は、やはり積極的にインプットしたいものです。

その際、興味関心がある分野なら、誰でも苦労せず覚えることができます。

私は車が好きですので、スポーツカーの新車が発売されれば、最高出力・最大トルク・0~100タイムといったマニアックなスペックをすぐに覚えることができます。

お気に入りの異性の生年月日やら家族構成やらは一度聞いたらすぐに覚えられますが、そうでもない人の情報はすぐに忘れてしまいます。

対象に興味があれば、誰だって覚えることは容易ですよね。問題は、それほど興味を持てないことも覚えなければならない場面があり、ここに技術が必要だということです。

意味づけで覚える

知識をスポンジのように吸収できる子供とは違い、私たち大人は、意味もなくただ覚えたもの、自分に直接関係ないこと、サプライズのないことは忘れます。

高校のときに習った歴史の年号や、微分積分などはほとんど覚えていないのではないでしょうか。

反対に、**意味があること、自分に関係があること、サプライズがあることは忘れません。**

そこで、いかにそういった視点から覚え、記憶したものを自由に引き出して自在に使いこなせるかに重点を置きます。

コンテクスト（文脈）で覚える2つの方法

法律の条文を暗記しても、現実問題に当てはめられなければ、ただの物知り博士で終わってしまいます。実際の場面で使える覚え方が必要です。

いつでも自由自在に引き出して使えるようにするためには、対象を単体で丸暗記するよりも、コンテクスト（文脈）の中でインプットすることです。

そこで、コンテクスト化するための方法を２つご紹介します。

①自分の損得に置き換えて覚える

自分が儲かるかも、あるいは自分が損するかも、という局面では、誰でも必死に勉強するものです。なので、そういうポジションに自分を置き換えながら学びます。

たとえば私はＩＴ分野の本を読むときは、自分がサプライサイド（供給側）に立ち、「これをどうすれば儲けに変えることができるのか？　どうすれば自分のビジネスに応用できるのか？」という視点で読んでいます。するると、記憶に残りやすいのです。

といっても、そういう想像ができない分野もあるので、対象は限られるかもしれません。

②自分が主人公になって覚える

もうひとつは、自分が実際にその場に直面している情景を思い浮かべながら学ぶことです。役者さんがセリフを覚えるときの方法ですね。

法律や制度などは、自分がコンサルタントとしてクライアントに説明している姿を想像しながら読みます。たとえば「三角合併」も、外資に買収されそうな日系企業のコンサルタントとしてアドバイスしているかのように読み込む。

経済学のやたら難しい理論は、自分が教授になって生徒たちに解説しているつもりで読む。「要するにだね……」と頭の中で言い換えながら読むと、理解が深まり、同時に記憶にも定着しやすくなります。

英語も文脈で覚える

これは、英会話のダイアローグを覚えるときにもお馴

記憶するメカニズム

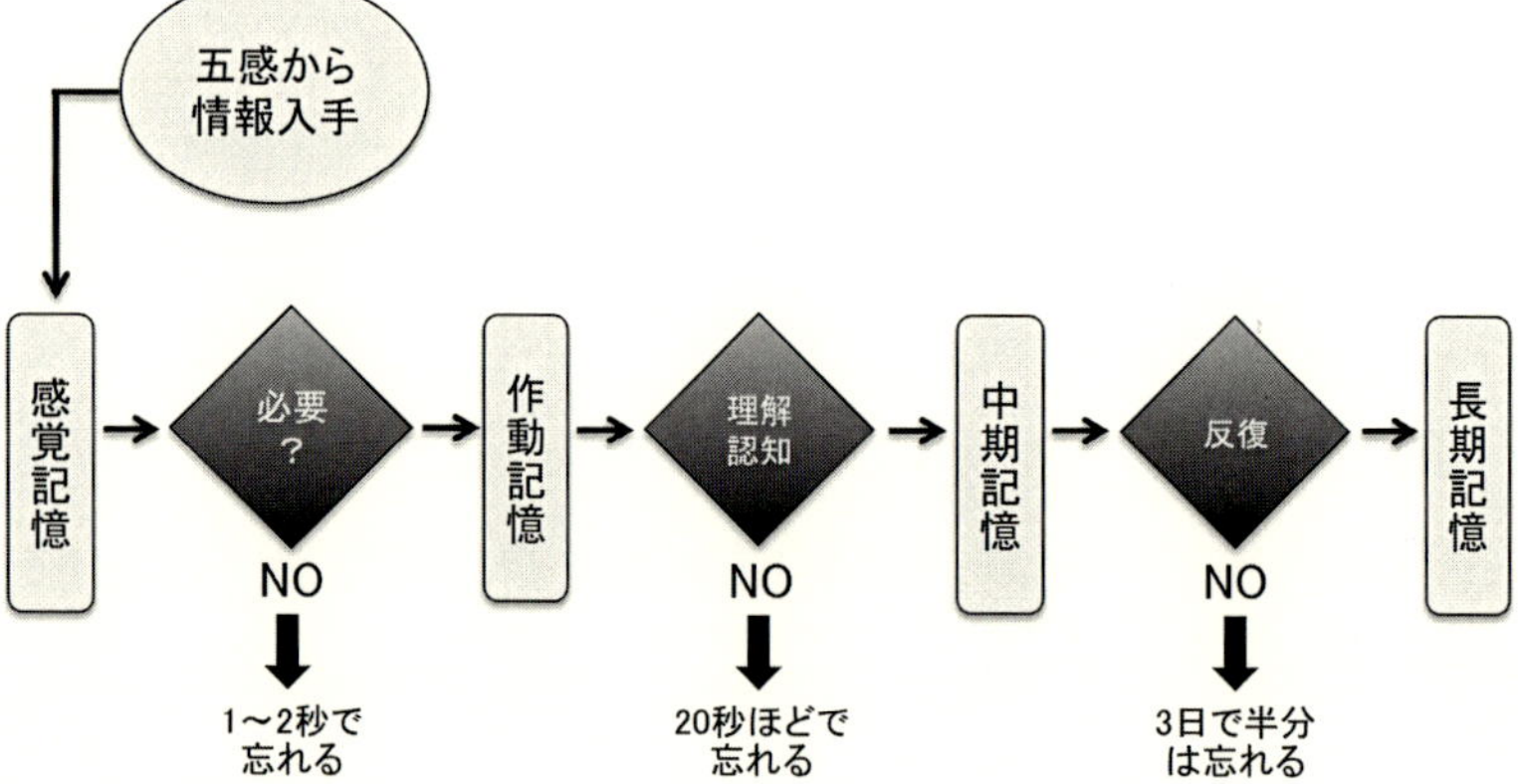

染みの方法です。女性なら、たとえばドラマ「セックス・アンド・ザ・シティ」の登場人物になりきって、その場面に自分がいると仮定して、あるいはそういう日がやってくると仮定して口述練習をする。

男性なら、外国人の美しい女性と会話している自分の姿を想像しながら練習をする（笑）。

ただし、海外のドラマや映画はスラングなどくだけた会話が多いため、飽きないための副教材としての使い方のほうがよいかもしれません。

表現も、丸暗記よりもやはり文脈の中での理解がよいでしょう。

たとえば会議などで、相手がわかっているかどうかを確認するとき、「Can you understand it?」という表現は使いません。これは「キミにそれが理解できるかなあ～？」という相手の能力を疑う失礼な言い方になるため、通常は「Have you got it?」（わかりますか？）などの表現を使います。

受付で来客を案内するときも、「Please sit down.」

（着席してください）は、「座っとけ」と聞こえることもありますから、「Please have a seat.」（おかけください）などの表現を使います。

《応用編》感情とセットで覚える

労せず覚えられる要素のひとつに、印象の強さ、つまりサプライズがあります。

楽しい、うれしい、怖い、悔しい、誇らしい、驚いた、悲しいなど、強烈な感情とともに触れた情報は、記憶として定着しやすくなります。

子供の頃の断片的な記憶も、残っているものはたいていそういう体験ですよね。

実際に記憶に関する文献を調べたところ、脳には偏桃体と呼ばれる感情のチェック箇所があり、感情を伴った記憶だけが、偏桃体を超えて大脳皮質まで進み、記憶として定着するそうです。

ということは、**覚えたい対象と、何らかの感情とをセットにすればよい**ことがわかります。

具体的には、「感情を喚起する情景を思い浮かべること」、あるいは「そのときの感情を書き残し、思い出すためのフックにする」ということです。

たとえば私の場合は、「誇らしさ」と「悔しさ」を中心に組み合わせています。

「誇らしさ」は、新しい分野を覚えるときに使います。専門書を読むとき、

「自分はこんなことも知ってるんだぞ、すげーだろ！」

と誰かに自慢している自分を思い浮かべながら読むとか、

「あなたって、何でも知っているのね。すごーい！」

と女性から尊敬のまなざしを受けている姿を想像すると記憶に残りやすくなります。

いずれにしても、そういった感情が湧き上がる風景や状況を想像しながら学ぶという方法です。

「悔しさ」は、問題練習をして間違えたときです。詳細は後述する「間違いノートづくり」で解説していますが、間違えたときの悔しい感情を書き残しておくと、復習するときに記憶がよみがえりやすくなります。たとえば、「チクショー!!　ひっかけ問題にやられた！　次から見逃すんじゃねー!!」と書き残しておくのです。

「ノートや資料に書き残す」というひと手間がかかりますが、試験勉強などでは絶大な効果を発揮します。

7　図解学習法

「書く」ことは、理解と記憶の補助装置として非常に有効な方法です。簿記や原価計算は、図Aのようなボックス図と呼ばれるハコの図を書いて計算すると、よく理解できます。法律分野も矢印などで図解しながら考えると、理解が進みます。

原価計算も図解にする

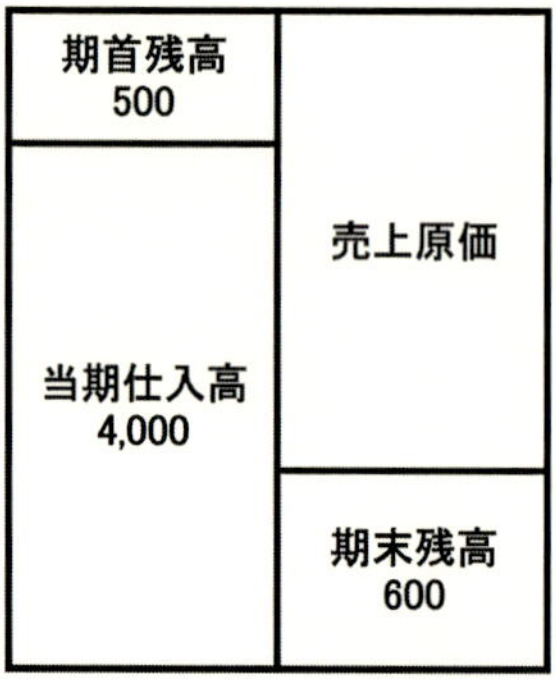

売上原価＝期首500＋当期仕入4000
－期末600
＝3,900

図A

問題解決を考える際にも、ノートやホワイトボードに図解しながら整理するとスムーズです。たとえば図B

は、「ガソリン代を節約するには？」というテーマで解決方法を考えたものです。

図解とはものごとを単純化し、位置関係を相対化し、ものごとの関係性を示すということです。図解できないものは理解できていないことですから、図解化の過程そのものが学習と言えます（詳細は拙著『深く考えるための最強のノート術』）。

法律も図解にする

法律を理解するには関係性を図にします。たとえば民法などを学習すると、甲・乙・丙、Aさん・Bさん・Cさんと、登場人物が多い上に、誰がどうしたとややこしくなります。そこで絵や図に表現することで、ぐっと理解しやすくなります。文章ばかりで記憶に残りにくいものも、図やフローチャートにすると、非常に理解しやすくなるのです。逆に簡単な図に表現できないものは、自分自身でまだ理解できていない証拠です。

日常発生するさまざまな問題も、可視化することで解決への糸口を見出すことができます。プロジェクトにおいても、チーム全員で問題点や向かうべき方向性を共有しやすい。

一見すると難しい複雑な問題も、書くことによって、ものごとの仕組みやカラクリが鮮明に浮かび上がり、問題の原因を突き止めやすくなりますし、解決方法を考える土台として使えます。

図解で問題解決

こんな例を想定してみましょう。

あなたの会社はオフィス機器の販売とメンテナンスを主力事業にしています。長年取引関係のあった顧客から連絡があり、他社と取引することになったから、自社との取引が打ち切られてしまいました。

あなたならどう考えますか？　まずはその原因を究明し、その対策を練る、というステップで考えてみましょう。

問題解決も図解から

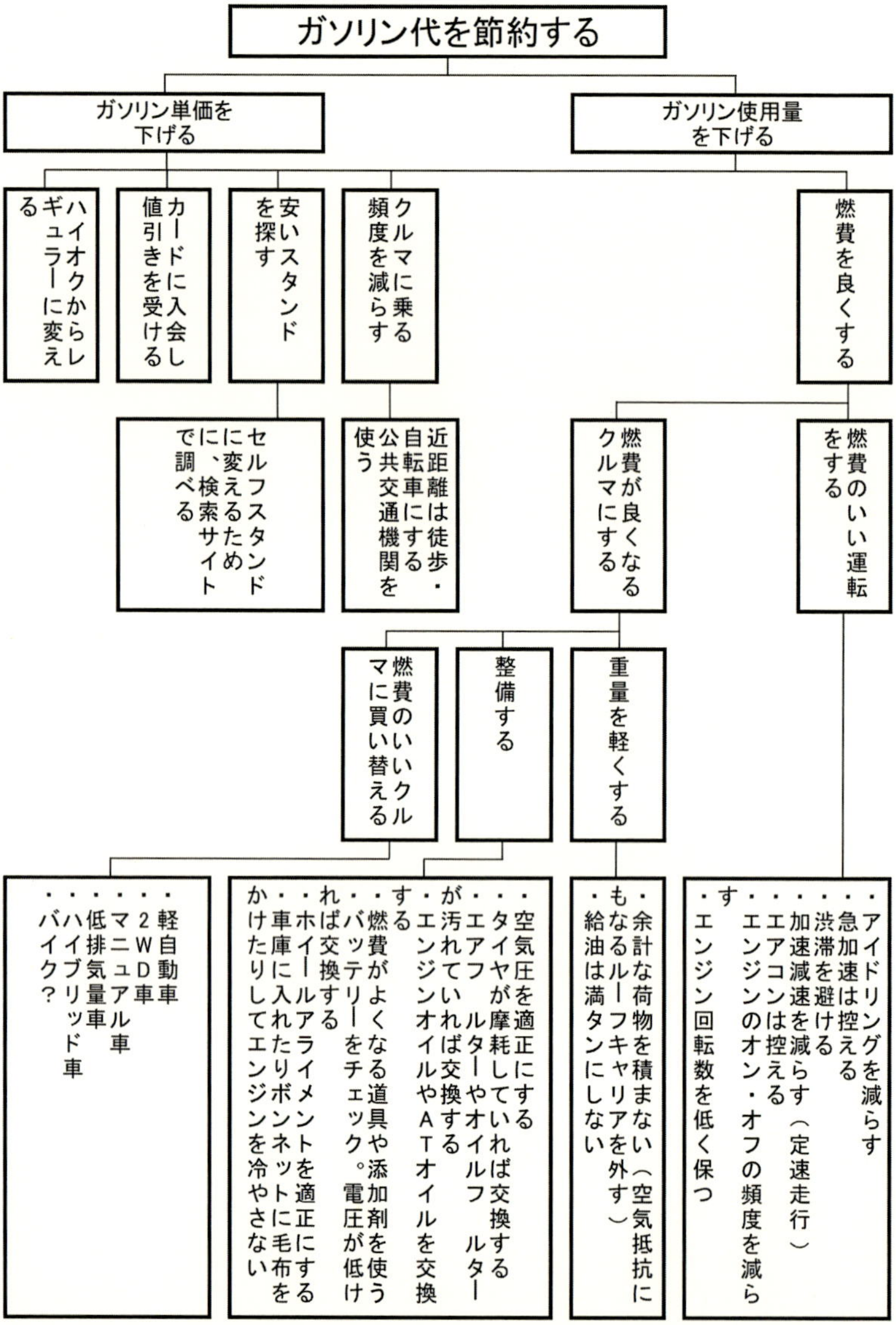

図B

①原因を掘り下げる

まずは原因を探るため、「なぜ他社にとられたか？」というイシュー（論点）をテーマに置きます。そこから線を引っ張って、原因を探るべく深掘りしていきます【図Ｃ】。

他社にとられた原因を、商品力と商品力以外に分けてみます。

商品力については、価格と機能（性能）に分けます。価格についても、そもそも価格面の魅力が劣っているのか、値引きが少なくて気分を害してしまったのか、消耗品などのランニングコスト面で劣っているのか、などと分けられます。

このほかにもたくさん考えられると思いますので、「もう出ないよ～」というくらい書き出しましょう。

②解決の打ち手を考える

次は、書き出された問題点の重要性を評価し、重要性の高いものから解決の打ち手を考えていきます。

ここでは一例として、「訪問のきっかけをつくる工夫が不足し、顧客の担当者と会えなかった」ことの解決方法を探ってみましょう。

まず、解決したい内容を書きます。このとき、「どうやって○○するか？」という質問形式にすると、考えやすくなります。

既存顧客を訪問する際に、単に「近くを通りかかったから挨拶にきました」では、忙しい先方は会ってくれません。当然ながら、あなたと会うことで何かメリットを感じてもらう必要があります。そこで、「商品自体に関連する提案を行う」「商品以外の関連情報を提供する」と大きく２つに分けてみました。

解決の打ち手を行動レベルに落とし込む

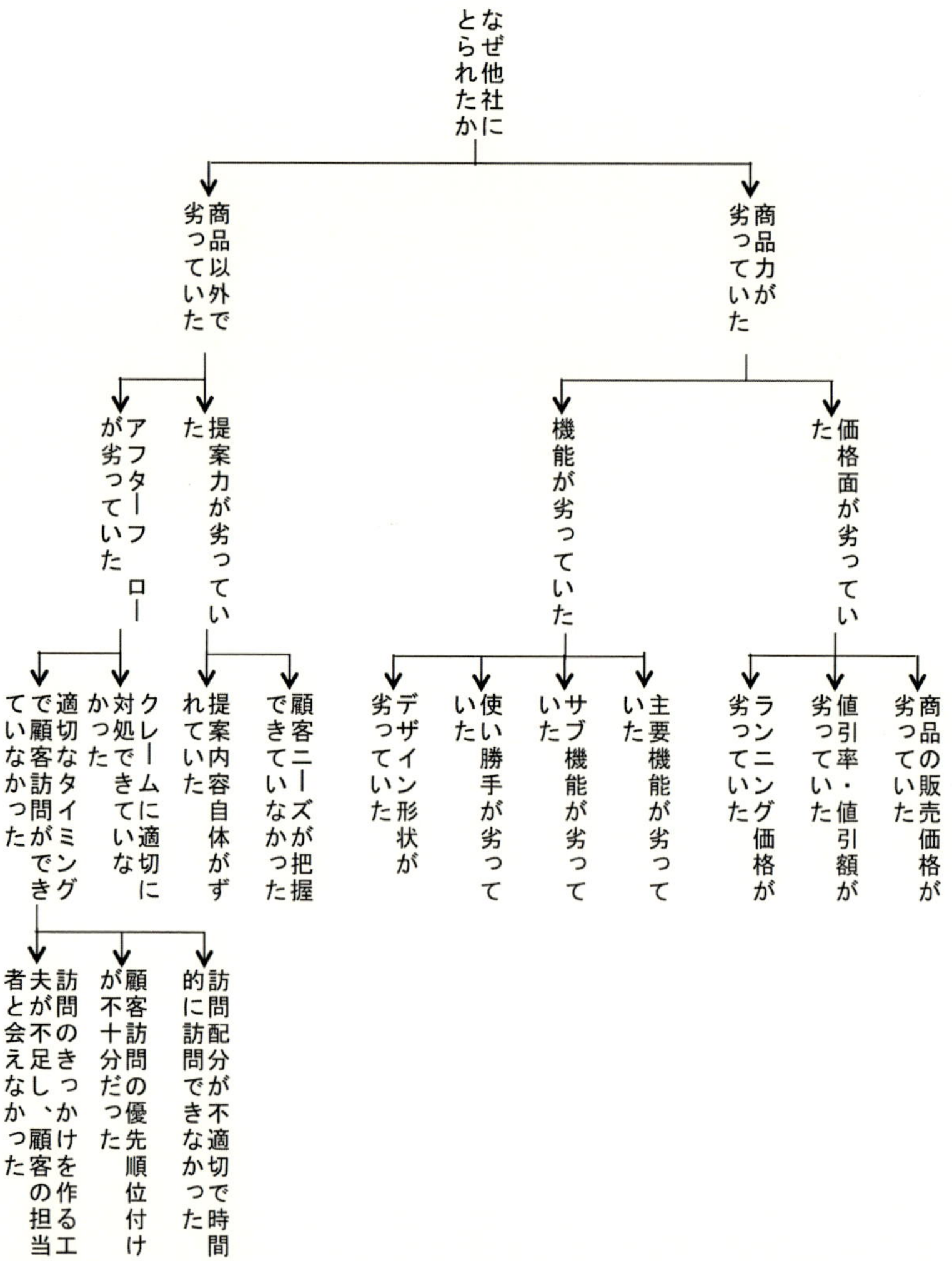

図C

商品自体に関連する提案としては、携帯電話の家族割引のように、顧客の利用状況に応じて料金プラン変更が出てきます。それによって顧客側のコスト削減を図ることができれば、担当者はうれしいはずです。自社の減益要因にはなりますが、競合他社にスイッチされることを考えれば、選択肢としてはあり得る手段です。

そのほか、商品以外の関連情報提供として、「他社の成功事例を紹介する」とか、「便利機能をもっと使いこなせるよう、顧客企業の関連部署や担当者に無料レクチャーしますよ」という提案も顧客の担当者が喜ぶ情報かもしれません。また、あえて他社製品・他社サービスの中から顧客企業に有益な製品・サービスを紹介することによって、「あなたは本当にわが社のことを考えてくれているんですね」と感激させて、ファン化できるかもしれません。

③今日からできる行動レベルに落とし込む

そして、「どういう情報」を「どうやって収集」し、「どうやって提供」するか、を考えます。たとえば、「日経情報ストラテジー」などの雑誌を定期購読し、顧客企業とは直接関係なくても役に立ちそうな記事をコピーして持っていくとか（競合他社の情報は顧客企業のほうが早いため、「そんなの知ってるよ」と言われるのを防ぐ）、ほかの得意先で聞いた成功事例を、月２回のニュースレターにして配るとかが考えられます。

問題解決を考える上でのポイントは、今すぐできるような、チョー具体的なレベルまで落とし込むことです。「抽象的なあるべき論」で終わってしまうと、結局行動には結びつきませんから。

8　フィードバック学習法

「目隠しをしてゴルフボールを打っても上達しないだろう」ということは誰でもわかります。自分のショットがよかったのか悪かったのかわからなければ、トレーニングの効果は上がりません。

ボールがカップに入らなければ、何が問題だったかを考えます。打ち方を変えなければならない。ではどう変えればいいのか、試行錯誤します。そして、ボールがカップに入るところを見れば、今のショットでよかったことがわかります。

あるいはマラソンの練習をしていて、タイムが縮まれば、練習の成果だとわかります。自分の上達がうれしくなります。それがさらに練習への動機づけにもなります。

学校の体育の授業で、先生が「今日はタイムを計るぞ!!」と言えば、みんな「えーっ!!」と言いながら、急に緊張して全員の顔つきが真剣になります。

上達とモチベーション維持の乗数効果

同様に、勉強もフィードバックを得られるようにすれば、おのずと緊張感が出て注意深く訓練するようになります。

料理でも、家族に出すだけなら多少手抜きでもいいので気軽につくれますが、お金をもらって顧客に出すことになれば、注意深くつくるでしょう。結果として上達も早くなり、モチベーションも保ちやすいというわけです。

受験勉強では、模試の得点によってフィードバックを得られます。事業であれば「顧客が増えたかどうか」「売り上げが上がったかどうか」「利益が出たかどうか」というフィードバックを得ることができます。

しかし、個別のスキルはなかなか難しい。本を読んだりセミナーを受けたりしただけでは、フィードバックを得られないので、上達しにくいと言えます。

そこで、ひと工夫が必要です。

たとえばプレゼンテーション。録画して自分で見る。そしてこれはたいていの人が、強烈なショックを受けます。「自分のプレゼンはこれほどまでにショボイのか」と。私も、販売用に自分の講演をビデオに撮って見たとき、売り出すのはやめようと思ったほどです。

しかしながら、これによって自分が知らなかったクセを知ることができ、次回はそこを意識して改善することができます。

他者から評価を受ける

フィードバックを受けるために、他者を巻き込むという方法もあります。

たとえば、自分の話し方を、家族や友人などに見てもらい、評価をもらう。録画してYouTubeやニコニコ動画にアップすれば、視聴回数が表示され、コメントが書き込まれます。

営業マンの中には、商談や訪問の都度、毎回簡単なアンケートを書いてもらっている人もいるそうです。

「説明はわかりやすかったか？」「営業マンの態度や挨拶はどうだったか？」「御社のニーズに応えられたか？」「改善したほうがよいと思われる点は？」など、一度きりの訪問でも、既存顧客でも、毎回アンケートを書いてもらうのです。

このように自分へのフィードバックとすることで、顧客満足度を計測し、次への改善策を考え、つねにレベルアップへの努力を続けていくのです。

すごい人もいるものですが、私たちにもまねできる方法です。

そういえば、私も講演やセミナーでは、必ずアンケートを書いてもらっています。これもビデオと同じく、ヘコむような残酷なコメントが待ち受けていることもありますが、つねに自分を外部の評価にさらすことが大切だと思っています。

《応用編》セルフフィードバック

ビジネスパーソンは、営業成績など結果に対するフィードバックは受けられますが、プロセスまで細かくフィードバックをもらえる機会はなかなかありません。

そこで、自分で自分を評価する「セルフフィードバック」の技術を身につける必要があります。

つねに自分を高め、昨日の自分を超え続けられる人というのは、このセルフフィードバック能力が優れていると言えます。たとえば、

・自分は今、何の練習をやっているのか
・具体的に何を高める練習をしているのか
・何がどうなることが上達と呼べるのか
・そのためには、何に意識して練習すべきなのか
・どういう状態になることが自分の目指す姿なのか

ということを、つねに意識し、変化を注意深く観察しながらトレーニングする（学ぶ）ということです。つねに理想の自分と比較しながら、その差異を埋めていくのです。

たとえばジョギングするときは、自分の理想とする走行フォームをイメージしながら走ります。

自分を見ているカメラが斜め上空と前後左右にあると仮定し、足を上げる位置、着地の際の足の裏の感覚、顎の位置、腕の振り方、腕の角度などを意識しながら、最適な位置・角度・動きになるよう微調整しながら走ります。

さらに身体の上下動を減らそうと肩の動きも意識します（上下動が大きい走り方は疲労が大きくなるからです）。同時に吐く息の量も変えながら、呼吸のリズムでペースを調整します。

ときおりビルのガラス面に映る自分の姿をチラ見し、走行フォームを確認します。

そうすることで、自慢ではありませんが、中学時代は

校内マラソン大会で優勝し、高校では陸上部を差し置いて高校駅伝の選手に選ばれ（控えですが）、大学時代はキックボクシングの全日本選手権に出場しました（ちょっと自慢しているか）。

いずれにしても、**自分の中に意識すべき評価指標を細かく持ち、つねにその評価指標と照らし合わせながら訓練を行うと、自分の上達がわかり、同時にモチベーションにもなります。**

セルフフィードバックは、自分の変化を注意深く観察するという内面の作業が必要ですから、ちょっと難易度が高いかもしれません。私も集中力があるときはできているのですが、疲れてくるとできていないようです。

他人と比較する

もっと簡単な方法もあります。それは他人と比較することです。

あなたにも、ライバルの一人や二人は社内にいるのではないでしょうか。起業家や経営者ならば、同業他社と比較する。

その場合、営業成績や売上規模や社員数といった大雑把なスペックを比較するのではなく、部分を細かくあぶり出し、その勝敗を生み出しているであろう、発想の違いや行動の違いを考えるようにします。

もちろんそれは仮説にすぎませんから、あとは行動して検証するのです。

そして、たいてい自分のほうが負けているので、基本的には不愉快です。**「悔しい」「負けるもんか」「次は絶対勝ってやる」という感情が、努力への動機づけにもなります。**過度な競争では疲弊しますが、健全な競争は人を向上させます。

学生時代にスポーツで活躍した人がビジネスでも活躍している、という例によく出くわしますが、共通する点があるのでしょう。

ということは自分の子供にも何かスポーツをやらせ、

早いうちから「勝ててうれしい」「負けて悔しい」という競争経験を積ませたいものです。

9 フレームワーク学習法

アリとキリギリスの寓話を聞いたことがあるでしょうか。

「アリは夏の間、一生懸命働いて、冬の間の食べ物を集めていました。キリギリスは夏の間、歌って遊んで過ごしていました。冬になったとき、キリギリスは食べ物がなく、飢えてアリに泣きつくしかありませんでした」

学校では「アリのように生きなさい」と教わりますが、この話には後日談があります。

キリギリスは「仕方がない。そろそろ仕事でもするか」と言って、コンサートを開きました。すると、アリたちが、貯め込んだ食べ物を持って、コンサートを聴きにきましたとさ。

これは『イソップ寓話の経済倫理学』（竹内靖雄著、PHP研究所）からの出典ですが、「考える力」があれば、必ずしも寓話のように後悔してアリに泣きつくだけではなく、合理的な問題解決方法が見つかるということを示しています。

仕事の問題だけではなく、プライベートでも、たとえば子供の成績が悪いのをどうするか、飲み会はどの店のどのプランがトクか、東京から福岡まではどのルートが金額・時間の有効活用でベストか、旅行先のホテルで予約が取れていなかったらどうするか、ボーナスの有効配分などなど、**私たちの日常は、問題解決の連続**です。

その能力が向上すればするほど、より望ましい結果を手に入れられるのです。

私たちが勉強するということは、よりよい人生を手に入れるため、問題解決能力を高めることと言い換えても過言ではありません。

《応用編》フレームワークを自分でつくる

そんな問題解決力を高めるために人気があるのが、マーケティングの４ＰやＳＷＯＴ分析などの「フレームワーク」と呼ばれる「思考の枠組み」です。

フレームワークを学ぶことは一定の意味がありますが、いったん習熟したら、既存のフレームワークを捨てて考える必要があります。

なぜなら、フレームワークはただの分類ツールにすぎず、ツールに頼ると思考作業をショートカットさせ、むしろ思考力が落ちる危険性があるからです。

思考力をつけるには、既存のフレームワークに頼るのではなく、自分でオリジナルのフレームワークをつくる経験を積むことです。

フレームワークとは、ものごとを「何らかの軸で分類する」ということです。たとえば人間でも、男性と女性、既婚者と未婚者などの軸で分類することができます。ほかにも血液型とか星座とか、年齢でも切ることができます。

ＭＥＣＥで軸をつくる

軸を考えるときのコツは、**「ＭＥＣＥ（ミッシー）」**という考え方を意識することです。ＭＥＣＥとは、モレもダブリもない、という切り方のことです。

たとえばお酒を切る軸で考えると、「アルコール分〇〇％以上、〇〇％未満」というのはミッシーです。なぜなら、あらゆるお酒は、この軸の中に収まりますし、重複もしないからです。

しかし、「ワインか、それともウイスキーか」という軸はミッシーではない、というのはよくわかるでしょう。「日本酒は？　紹興酒は？　ウォッカは？」というふうに、モレが出てしまうからです。男性と女性の場合、ゲイはどうなんだ？　という議論もあるかもしれませんが……。

また、既存のフレームワークは、時代とともに変化させたほうがよい場合もあります。**マーケティングの4Pも、現代ではミッシーとは言えないかもしれません。**

たとえば現代では、誰と組むかという**「提携・協業」(Partner)**も重要ですし、**「理念」(Principle)**が顧客の共感を生むことがあります。こうした要素もマーケティング上、重要になっています。すると、「マーケティングの6P」の誕生です。

既存のフレームワークを使う場合であっても、そうやって自分なりに進化させようと、切り口を工夫してみることも必要です。

私も講演やプレゼンをするときには、「これはどういう軸で切ったらわかりやすいかな?」と意識しながらチャートの準備をします。

たとえばニュースや情報をとらえるときの軸として「自分の立ち位置」や「自分ならどうするか」を考えます。そこで、「スマートフォンが売れている。Androidアプリが増えている」という情報を表現するのに、3つの軸からなるチャートをつくりました。

情報をもとに、自分の立ち位置をバリューチェーン軸、時間軸、場所軸の中で把握し、どこで仕掛けるチャンスがあるか、どこでビジネスができるかを考えましょうというものです。

プライベートでもトレーニングできます。たとえば自宅の引っ越しをすることになったとします。そこで、

・「現住所での作業/新住所での作業」という軸
・「引っ越し前日までにやっておくこと/当日やること/引っ越し終了後にやること」という軸
・「新規に手配するもの/解約するもの/住所変更するもの」という軸

などの軸でチェックリストをつくり、引っ越し作業をスムーズにすることができます。

そうやって、あらゆる場面で軸をつくる、つまり自分でフレームワークをつくる練習をしてみましょう。

フレームワークの限界

フレームワークにも欠点があります。それは、相反する命題を両立する発想がしにくいことです。

たとえば企業の競争戦略で使われる一般的な軸に、「差別化か、低価格化か」というものがあります。これをフレームワークに当てはめるべく軸で切ると、それらは両極端であり、同じ象限にはプロットできません。

しかしながら、現代ではそれらの両方を高めていかなければならないケースもあり、そういう**一見相矛盾するような要素を満たすブレークスルーは、フレームワーク至上主義では出て来にくい**と言えます。

フレームワークの先にイノベーションがある

現実に、フレームワークの限界を突破した企業があります。それがたとえばユニクロ（ファーストリテイリング）やトヨタです。彼らは品質と価格を両立させたがゆえに、日本を代表する企業になったと言えるのではないでしょうか。

ほかにも、共同調達のような競争（コンペティション）と協業（コラボレーション）を両立させる**コーペティション戦略**、Ｈ＆ＭやＺＡＲＡのような大量生産（マスプロダクション）と売り切り御免のカスタム生産を両立させる**マスカスタマイゼーション戦略**、環境保護と経済成長を両立させる**グリーンクロース戦略**など、**フレームワークでは切りきれない概念が、ブレークスルーになる**のかもしれません。

10　アンラーン学習法

前述のとおり、知識はときに固定観念となります。資産となるべき知識が、逆に負債となってしまうこともあるのです。

適切な意志決定や適切な問題解決には、「情報がたくさんあったほうがいい」と多くの人は考えます。しかし実際には情報量が増えれば増えるほど、僕たちは思考停止してしまいがちです。


経営コンサルティングの現場でも、問題解決へのアプローチが、以前とは少し変わってきています。

従来は「仮説を持って情報を集め、検証する」というアプローチが一般的でしたが、最近では**「仮説を持たずに情報収集し、まっさらな状態から仮説を組み立てる」**というアプローチをとるケースも増えてきました。

なぜなら、**仮説はときに固定観念となる**からです。仮説を証明するのに都合のよい情報だけを集め、仮説とは異なる情報を見過ごすことになりやすいのです。

いわゆる**「仮説という名の先入観」**という落とし穴です。

こうした状況を防ぐひとつの考え方として、「アンラーンする」というものがあります。**アンラーンとは、「知識」という余分なゼイ肉を削ぎ落とし、自分の中にはない価値観を受け入れるようにする**ことです。

読書でアンラーンする

アンラーンするための単純な方法は、たとえば読書であれば、著者の思考回路にどっぷりつかって、著者になりきって読んでみることです。

「これはよい」とか「これはよくない」とか、自分の価値観で勝手に判断するのではなく、著者が読んでほしいように読むということです。


たとえば本書のような勉強本もそうですが、つい「自分のできるところからやろう」「自分がよいと感じたものをやろう」と考えてしまいます。実は、それが間違いなのです。

なぜなら、**未熟な自分の未熟な判断が今の自分をつくっているわけで、ここで再び自分の判断でやったとして**

も、未熟な自分を再生産するだけだからです。

つまり、「自分の考え方にしがみついている」のです。

そこでいったん自分の考え方を捨てて、著者に感情移入し、著者に乗り移ったかのような気持ちになり、著者の言っていることを素直に受け入れて読むのです（詳細は拙書『お金を稼ぐ読書術』ビジネス社）。

書いてアンラーンする

あるいは、自分の知っていることを「書く、話す」ことによって体外に放出することも有効です。

私たちは、高卒なら12年間、大卒なら16年間も学校教育を受けて育ちます。社会に出てからも、テレビを見て、新聞や雑誌を読み、日本の秩序に浸《ひた》りきって過ごします。

こうした長期間の蓄積によって、私たちはいつの間にか、非常に分厚い常識の膜に覆われてしまっているのです。

自分の中に溜め込んだままだと、その知識や思考に縛られてしまう。つまり、自分の価値観に合わない情報をシャットアウトしてしまうのです。だから、それらをいったん吐き出さないといけない。

文章を書くことは、そういう常識の膜を一つひとつ取り外し、素の自分をさらけ出していくことです。たとえば、

「効率を重視すべきだ」

「人脈を増やすべきだ」

と誰もが同意する文章を書いても、誰も共感しないし、腹にも落ちない。そこで、そうした先入観や固定観念を外し、自分の経験と対比していくのです。

そうすると、自分の体験と、世の中で言われていることが、微妙に異なることに気がつきます。すると、

「いや、効率なんて無視したほうがいいのでは？」

「人脈なんて、増やさなくてもいいのでは？」

という新しい主張が出てきます。あとはその主張を支える言葉を、自分の心と向き合いながら紡いでいくのです。

最初に書いたことは完全に自分の主観なのだけれど、他人の目を自分の主観にフィードバックしていくことで客観化し、より多くの読者に理解してもらえるように直していきます。

つまり、読者がいるという観点から、自分の体験や知識を、もう一度客観的に振り返って消化しようとする。そうやって**主観と客観を何度も往復させる**のです。それは、**「自分の個性にツッコミを入れる」「客観的な自分を育てる」**ことにつながります。

書いてアウトプットすれば、いったん自分の思考を離れ、客観的に見られるようになります。そして、自分の思考の未熟さに気がつく。すると新しい知識や知恵が入ってくる。異なる価値観も吸収できるようになる。

経験したらアウトプットする。
読んだらアウトプットする。
見聞きしたらアウトプットする。
書いてすべてを過去のものにしていく。

そうやって脱皮作業を繰り返していくことが、アンラーンにつながります。

《応用編》既存の制約条件をアンラーンする

さらに、「最も理想的な姿から逆算する」という方法もあります。

あらゆる制約や前提条件を取っ払って、まずは望む最高の状態を定義します。自分にできそうかどうか、今の状況で達成できそうかどうかは関係ありません。夢の理想形です。

次に、そうなっていない要因を一つひとつチェックし、解決する方法を論理的にあぶり出していくのです。

理想では、このくらいの利益が出ているはず。
理想では、ここまで上達しているはず。

そうなっていないのはなぜか。

その阻害要因をどうすれば克服できるか。

ここからはロジックの世界です。なぜなら、論理的に解決方法を説明できなければ、頭で描いたことをリアルに再現できないからです。

そうやって「どうすればできるか」にフォーカスすると、制約条件を突破するアンラーンにつながります。


たとえば、「こんなによい商品なのだから、本来は一人にひとつ、つまり1億個売れていいはずだ」という理想から、1億個売れることを阻害している要因を一つひとつ洗い出し、解決方法を考えていく。

新しいことをやろうとしたり、高い目標を掲げて実現しようとすれば、さまざまな障壁や問題点は出てきます。

しかし、**あらゆる可能性を論理的に突き詰めていけば、達成を阻害する要因を一つひとつ排除するアイデアが出てくる**はず。

「〇〇という問題があるから難しい」ではなく、「実現するためには、〇〇という問題をどうすればクリアできるか？」という発想に切り替える。

そうすると、その先には何か見えるか？

「達成」の二文字ではないでしょうか。

第4章　試験勉強の強化書

1　資格取得を目指す前に知っておきたいこと

　本章では、資格試験の受験勉強について、私自身の経験に基づいてご紹介します。

最初からトップスピードで勉強する

　難関の試験では、合格まで1年以上の勉強を続けなければならないものもあります。

　最初の頃は、必要な学習量のレベル感がなかなかつかめません。受験予備校では講義のコマ数も少なく、進度もゆっくりですから、あまり勉強に身が入りません。これが落とし穴です。

　やがて学習が進み範囲が広くなってくると、最初の頃に学習したことは、ほとんど忘れていることに気がつきます。

　でも学習はどんどん進み、徐々に復習が追いつかなくなります。直前期は演習なども増え、やるべきことが増えていきます。

　やがて今のペースではとても試験までに間に合わないと悟るようになります。そこから焦って猛烈にペースを上げますが、時間が足りずにタイムアップ。

　これは本当によくあることです。私もそうでしたし、受験仲間の多くも、この落とし穴にはまりました。

　そこで、初学段階であっても、**使える時間をすべて投入して、最初からトップギアのつもりで勉強をする**のです。

　初めの頃は復習もすぐ終わるので、時間が余ります。ならば、もう忘れようがないくらい徹底的に繰り返すのです。

　それでも時間が余れば予習をする。予習のコツは、とりあえず専門用語だけチェックしておくことです。

　内容を読んだとしてもチンプンカンプンですから、そこには時間をかけない。専門用語だけインプットしておけば、理解が格段によくなります。

最初から飛ばすと、「勉強疲れを起こして途中で息切れする」という意見もありますが、一切気にしません。**最初からトップスピードで勉強することが、短期合格という目的達成だけでなく、焦りや後悔から逃れる唯一の方法**だと思っています。

専門の受験対策学校に通うべし

私は、どんなに忙しくても、いや、忙しいからこそ、受験予備校を活用するのが最も手っ取り早いと考えています。

試験は合格するか否かがすべてであり、そこに至る苦労などのプロセスは、誰も評価してくれません。

反対に、合格までにかかった時間が長ければ長いほど、その人に対する評価は低くなります。会社を辞めて受験勉強に専念する場合も、司法試験や公認会計士などの難関資格でもない限り、「そのくらい、両立もできないのか」と、評価が下がります。

とにかく、学生であろうと社会人であろうと、「**受験勉強は集中して一気に合格レベルに駆け上がり、短期間に終わらせるべき**」というのが私の考えです。

理由は２つあります。

まず、脳みそを怠けさせる時間が短くて済むからです。

受験勉強の多くは、単調な暗記作業の繰り返しです。ここに多くの時間を取られると、発想力が衰えるのではないか、という不安があります。それに、試験に受かるだけではお金になりませんし、賢くなるわけでもありません。

だからこそ、要領よくさっさと片づけたいものです。

早く受かれば、長く稼げる

もうひとつは、**勉強の対価を刈り取る時間が長く取れる**からです。

早く受かれば、稼ぎとして刈り取る時間を長く取ることができますが、合格に時間がかかれば、それだけ回収できる時間が短くなります。

要領よくやれば1年で合格できるのに、うまくいかずに4年もかかったとしたら、収益機会は4年もビハインドしてしまいます。

たとえば30歳で勉強を始めて35歳で合格するのと、31歳で合格するのとでは、実務で稼げる時間が4年も違ってきます。

投資効果が高いのは、やはり短期間で合格することです。最小の労力でチャッチャと終わらせ、稼ぐほうに回すのです。

受験予備校の3つのメリット

次に、受験予備校のメリットをお話しします。

①膨大な試験範囲の中から、合格に必要なもの、不要なものを区別してくれ、合格に直結する内容だけを教えてくれる

試験範囲を網羅する必要もなければ、完璧にマスターする必要もありません。100点を取る必要はなく、あくまで合格点に達すればよいのです。

たとえば、この分野からは1問しか出ないとわかれば、あえて捨てることもできます。ここを落とすと危ないとわかれば、重点的に学習することもできます。

これを個人で分析するのはとても大変ですが、学校の講師陣がつねに最新の情報収集をして、出題傾向の分析やら試験委員対策やら出題予想やらを、自分の代わりにやってくれるのです。

②合格までの訓練プログラムの全体像と順序を教えてくれる

ボクシングを習うときは、まずはジャブを学び、次にストレート、その後でボディやフックなどを学びます。このように、ものごとには合理的な訓練の順序がありま す。受験勉強も同じです。

たとえば公認会計士の受験勉強は、日本でも米国でも、まず簿記（Book Keeping）から始めます。これは予備校の先生に聞いたのですが、簿記はマスターするのに時間がかかるのと、ほかの会計分野の土台となる知識だからだそうです。

この順序を間違えると、試験日までに合格ラインに達しなかったり、理解に手戻りが発生したりすることもあるのだそうです。

③迷わず勉強に邁進できるという精神的な安心感がある

独学の場合、頻繁に書店に行っては新しいテキストや問題集を買い込み、すべて中途半端で「お金と時間の両方を失う」というリスクがあります。

しかし、合格実績のある受験予備校に通えば、自分でテキストや問題集を買う必要はありません。学校のカリキュラムをしっかりマスターすれば合格するようにできているからです。**受験生は、テキストや問題集を選んでいる暇があったら、さっさと勉強したほうがよい**のです。

このように、限られた時間と労力の中で最大効率を追求できるのが受験予備校ですから、よほど独学に自信がある人でなければ、時間をお金で買う選択がベターではないでしょうか。

学校の選び方

では、どこの学校にするべきか。

これは好みの問題なので、どこでもいいと思います。**合格実績がある学校なら、カリキュラムをしっかりマスターすれば、どこに通っても合格できる**はずです。

もちろん、学費の金額、講義スケジュール（夜や土日の開講があるかどうかなど）、場所（自宅や会社からの通いやすさ）、自習室の有無、欠席時の対応、ビデオ録画の有無など、判断の優先順位は人によって異なるでしょう。

私は基本的に、通学が望ましいと思っています。ひとつの理由は、だらけるのを防ぐためです。

私は自宅では勉強できないタイプで、人が周りにいないと、すぐ寝っ転がったりテレビをつけたりして、だらけてしまうのです。実際、CPAの勉強を始めた初期の頃はビデオ通信講座でしたが、まったく学習が進まず、即座に通学に切り替えました。

学校に行くと、全員がライバルです。いつも自分よりも早く来て自習している人を見ると、自分もやらねばと思います。

隣に座っている人のテキストがボロボロになっているのを見ると、「自分の勉強量では足りないんじゃないか」と不安になります。

学校に行くと、そんな刺激をいっぱい受けるのです。なかなか通う時間が取れない人、地方でやむなく通信講座を利用している人も、ぜひ月に何度かは通い、講義を受けたり模試を受けたりするのをお勧めします。

ちなみに私は、簿記はTACという学校に通い、CPAはANJOインターナショナル（今はなくなりました）という学校に通いました。

前者の決め手になったのは、最初の体験講座の先生が、ほかの学校の先生よりも丁寧に感じたからです。後者の決め手になったのは、先生がちょっとフレンドリーで、親しみが持てたからです。

自習室を徹底活用する

というふうに、私はけっこう適当な基準で選んだのですが、あとで便利だなと感じたのは、どちらも自習室を開放していて、朝から夜まで使えたことです。

当時はスタバやタリーズ、エクセルシオールカフェといった気の利いたカフェがなく、またお金もなかったので、自習室の存在はとても助かりました。

それに、周りの人が勉強していれば、「自分もやらなきゃ」と思いますから、怠け者の自分にはぴったりです。

簿記を学んだ学生時代は、朝７時の答練から始まり、夜10時の閉館まで粘る。社会人になってから始めたＣＰＡも、土日は朝10時から夜10時の閉館まで粘る。これができたのも、自習室のおかげです。

一日どれくらい勉強すればいいのか？

合格のためには、「一日何時間勉強すればいいのか」という疑問があるかもしれませんが、答えは使える時間、全部です。

朝９時から夕方６時まで仕事があるなら、その前後の時間が使えます。たとえば朝７時から会社近くのカフェに入って勉強し、夜も会社が終わってから９時くらいまで勉強する。土日が休みなら、朝から晩まで集中力の続く限り勉強する。

通勤時間も、レストランでランチが出るのを待っている時間も、全部勉強に充てます。新聞も読まず、仕事に必要な本以外は読まない。スポーツジムもヨガ教室もしばらくお休みです。

とにかく**その試験に受かることを生活の最優先目標に置き、合格に必要のないことはすべて後回しにする**と割り切って一切手を出さない。はたから見れば異常とも思える生活を毎日続け、日常にしていく。

そうやって短期合格を目指すのです。なぜなら、時間がかかればかかるほど、勢いがなくなり惰性となり、飽きて勉強の密度も質も下がり、合格から遠ざかってしまうからです。

たまに10年勉強しているという人の話を聞いたことがありますが、よほど気合いを入れ直さないと、一生合格しない危険性があります。

元NBAプレーヤー、マイケル・ジョーダンの言葉です。

「僕は、ものごとを中途半端な気持ちではやらない。なぜなら、もしそうすれば、中途半端な結果しか得られないとわかっているからだ」

2 試験合格までの3ステップ

何かの試験準備をしようと思い立ったとき、「スタート段階」では、合格体験記を読みあさります。

難関試験ほど合格体験記が本などで出版されていますから、たくさん読んで、**合格に必要な方法論と、努力の絶対量をイメージとしてつかみます。**

そして、合格者たちが発信するメッセージの共通点を抽出するようにします。

なぜなら、スポーツや芸能などにおける上達のコツがある程度決まっているように、試験に合格するためのコツも、ある程度は決まっているからです。

私たちは、つい自分に都合のよい勉強法だけを取り入れて、自分が面倒だと思う方法は切り捨ててしまう傾向にあります。誰でも自分独自の勉強方法があり、これはこれで大切なことです。

しかし、**みなが「これが大事だ」という部分はやはり外さない**ようにします。まずは冷静に、合格に必要な取り組みをリストアップしてみましょう。そうやって自分が勉強している姿をイメージしておきます。

実際に勉強を始めると、いろいろな壁にぶつかります。理解できない。正答にたどり着かない。順位が伸びない。いつも同じところで間違える。何度やっても覚えられない……。

　こうして私たちは、自分の勉強方法が正しいのかどうか、不安になります。迷い始めます。そして再び合格体験記を読みあさり、新しい勉強方法、もっと効果的で効率的な勉強方法はないものかと、迷います。これが**「模索段階」**です。誰もが通過する道であり、避けられないプロセスです。自分にフィットする方法論が見つかるまで、あれこれ試してよいと思います。

　ただし、早い段階でこの壁にぶつかり、早めに抜け出したいものです。試験直前になって迷い、勉強方法を変えるのはリスクが伴うからです。

　試行錯誤しながら、少しずつ自分の勉強方法を固めていきましょう。これが**「確定段階」**です。そして、**「この科目はこの方法で行こう」と思えたなら、迷わずその勉強法で突っ走る**のです。

マスターマップをつくる

　試験勉強の場合、出題範囲は決まっていますから、勉強すべき範囲も決まってきます。そして、試験日も決まっていますから、その日までに合格レベルに達しなければなりません。

　マイペースで勉強していては、こなすべき範囲を全部終えられない、あるいは理解が不十分なまま本番を迎えてしまうリスクがあります。

　そこで私は、学習がある程度進んだ段階で、**マスターしなければならない項目を一覧表にして、机の前か手帳に貼っておく**ようにしていました。要するに、勉強範囲の全体像をつくる、ということです。書籍で言うところの目次ですね。

　たとえば簿記1級で言えば、大きく分けて簿記、会計学、工業簿記、原価計算の４科目があります。

　簿記の中にも、本支店会計、Ｍ＆Ａ、社債の処理、減

米国公認会計士試験「財務会計課目」のマスターマップ

Accourting and Reporting	1回目	2回目	3回目	4回目	5回目
Basic Theory and Financial Reporting	2/5	5/23	6/20		
Inventory	2/20				
Fixed Asset	3/1	6/3			
Monetary Current Asset and Current Liabilities	3/5				
Present Value	3/10	5/30			
Deferred Taxes	3/15				
Stockholders' Equity	3/21				
Investments	3/26	6/12			
Statement of Cash Flows	3/31	6/13			
Business Combinations and Consolidations	4/4				
Derivative Instruments and Hedging Activities	4/6				
Personal Financial Statements					
Interim Reporting					
Segment Reporting					
Partnership Accounting					
Foreign Currency Translations					
Governmental Accounting	5/12	6/15			
Not-for-Profit Accounting	5/21	6/16			

価償却費計算などなど、小項目があります。これらを全部一覧表にしてチェックボックスをつくり、勉強したら赤ペンで日付を書き込んでいきます。

やったところはチェックが入り、やっていないところは空欄のままですから、そのマップを見れば、自分が今どこまで勉強し、どこが残っているか、が把握できます。

すると、「ちょっとペースを上げなきゃいけないな」とか、「得意なところばかりに偏っているな」とか、「ここは以前勉強してから時間が経ちすぎているからそろそろ復習しておこう」とか、「今のペースなら行けるな」ということがわかります。

そうやって、自分の立ち位置と進捗状況をつねに知ることができるわけです。

私個人としては、詳細な学習計画はあまり必要だとは感じません。

小学校時代、予定なら夏休みの最初の一週間で、宿題が全部終わっているはずなのに、いつも8月31日に必死にやっていた、という人も多いのではないでしょうか。

計画をつくるときはやる気に満ちて欲張りになっていますから、とてもこなせない、現実離れした計画になります。

勉強でもたいてい、「一日30問解いて、1ヵ月で1科目終わらせる」なんて夢のような計画になります。願望を計画に組み込んでしまうために、初日で挫折してしまうのです。

ですから、計画をつくる時間も労力ももったいない。私にとってはマスターマップが1枚あれば十分なのです。

簿記が会計を真に理解する基礎となる

私は学生の頃、日商簿記検定1級を取得しましたが、財務諸表を読む力はこれによって培われました。

そんな自分の狭い経験からではありますが、会計を理解するには、簿記を学ぶのが最も効果的ではないかと思っています。

やはり、**自分の手で仕訳を切り、自分の手で損益計算書（P／L）や貸借対照表（B／S）をつくる作業を通じて、P／LとB／Sの関係はもちろん、それぞれの数値の意味するところが、土台からわかる**からでしょう。

根っ子がわかれば、「この数値とこの数値は一致するはず」「この勘定項目はこう処理されるべき」と理解できますから、財務諸表を手に取るように読むことができます。

そして、その企業が採っている会計処理方法や勘定科目によって、数字のウラに隠された活動や企業の狙いなども、うっすら理解できるようになります。

もっとも、そこまで会計を突き詰める必要性が高いのは、財務など一部の職業に携わっている人に限られるかもしれません。

仕訳はノートに書いて覚える

簿記をマスターするにはスポーツと同じ要領です。とにかく基本動作の繰り返し、繰り返し、繰り返し……。

簿記は仕訳を切って身体で覚える

給料	300,000	/ 現金	241,012	
		/ 預り金	12,750	健康保険
		/ 預り金	26,025	厚生年金
		/ 預り金	1,803	雇用保険
		/ 預り金	10,910	所得税
		/ 預り金	7,500	住民税

理屈や理論よりも、あまり深く考えずに「これは借方、これは貸方」「これはP／L項目、これはB／S項目」「これは営業損益項目、これは経常損益項目」「これは流動資産、これは固定資産」と割り切って、せっせと手を動かして仕訳を切っていくことです。

どんどんノートに仕訳を殴り書きし、仕訳を元に試算表をつくり、決算仕訳を切って財務諸表をつくる動作を繰り返す。そうやって**身体に覚えさせる**のです。簿記や会計は概念的な内容が多いため、本を読んでもなかなか理解できませんが、手を動かすと理解できるようになります。

私も最初、「なんで貸付金が借方で、借入金が貸方なんだろう？」と疑問に思っていましたが、そもそもそんな疑問もあまり意味がないことは、マスターしてから理解できました。そして簿記が理解できたら、会計理論もすんなり理解できるようになりました。

3　合格圏突入の切り札「間違いノート」

参考書やテキストにマーカーで線を引いたり、要点をノートにまとめたりということは、時間対効果、つまりタイムパフォーマンスが悪いと感じています。

マーカーで線を引くと、それで安心してしまって、必ずしも復習の効果を高めるものではなかったからです。

要点をノートにまとめる作業は、けっこうな時間と労力がかかり、問題演習をする前に疲れてしまいます。しかも、たいてい後で見返すこともしないものです。

そこで、そんなヒマがあれば問題演習をするほうがよいと割り切り、下線を引くのもサブノートをつくるのも、一切やめました。

膨大な問題演習をこなせるツール、それが「間違いノート」

たとえばＣＰＡの試験は、過去の問題が数値や表現を変えて繰り返し出題されますから、過去問演習が非常に重要です。

ＣＰＡの試験は、会計、税務、監査、商法の４科目があります。それぞれの科目の中に、さらに10以上の小項目があり、1科目ごと約１０００問以上の問題演習をこなします。

ですから、問題演習を繰り返すにしても、一回転するだけで相当な時間がかかり、次に解くときはサッパリ忘れてしまっています。

そこで唯一つくったノートがあります。それが**「間違いノート」**です。

この間違いノートは、ただ答え合わせをするだけではなく、試験直前まで使える最高の参考書にもなり、私にとっては最大の武器でした。

つくり方はこうです。

問題を解きながら、間違えたらノートを開き、問題番号（ＣＰＡの問題集は数が多いので問題番号が振ってあります）と正答を書き、さらに間違えた理由を書きます。

間違えた理由というのは、たとえば、ただ単純に覚えていないだけなのか、あるいは誤解をしていたのか、計算間違いなのか、ひっかかったのかなど、その理由を記録するのです。そのときの感情もできるだけ赤裸々な表現で書くようにします。前述のとおり、感情を書き残すことで、記憶がより強固になるからです。

３回正解したら消し込んでいく

また、問題番号の頭に、解いた「日付」とともに、自信を持って解いて正解したら「○」、間違えたら「×」、まぐれ正解なら「△」の印をつけました。

そして、３回連続して○がついたら、間違いノートも赤線で消し込み、その問題はもう解きません。あとは、

△と×の問題に集中していきます。そうやって解くべき問題をどんどん減らしていくと、最終的には自分が本当に解けなかった問題だけが残ります。

そうやって、当初4000問以上あったものが、3800問、3500問、3000問……と減っていき、最終的には300問くらいになりました。

間違いノートも、当初30冊くらいあったものが、各科目1冊ずつになり、試験会場（私の場合はグアム）に持っていく勉強道具も最小限に抑えられました。

平日の空いた時間と土日の勉強だけで、1年半でCPA試験に合格できたのは、この間違いノートのおかげといっても過言ではありません。

ただし、注意しなければならないのは、問題演習の2回転目から間違いノートをつくることです。なぜなら、1回転目はほとんど全部間違えますから、ノートをつくる作業だけで膨大な時間を割かれてしまいます。

皿回し学習法

間違いノートをつくると、「皿回し学習法」が可能になります。「皿回し学習法」とは、同じ範囲を短期間に何度も何度も繰り返し、忘却を防ぐ勉強法です。

CPAの勉強は忘却との戦いです。試験は会計、商法、税務、監査と4科目ありますが、ひとつの科目の範囲は膨大なため、順番にやっていると、ほかの科目をきれいサッパリ忘れてしまいます。

そこで**会計をやりつつ、法律もやり、税法もやって、監査をやるという具合に4枚の皿を同時に回せるような工夫をしました。**

前述のとおり、1科目につき、過去問は1000問くらいありますから、最初からやっていたのでは、終わりまで行き着くのにかなりの時間がかかります。

そこで、3問飛ばして次の問題をやる、5問飛ばして次の問題をやるというふうに、1科目の全範囲の過去問をとりあえず1週間くらいでやり終えてしまいます。

そうやって会計の過去問を1週間やり、次の週は法律をやる。その翌週は税法をやって、４週目に監査をやると、ちょうど1ヵ月で、また会計に戻れるというわけです。

そして2巡目に、飛ばしたところをやっていくことを繰り返しました。その科目の全範囲を短期間になぞることによって忘れる程度が低くて済むのです。

全範囲を高速回転させる

ここで、先はどの間違いノートが効いてきます。当初、全範囲を一回転するのに数ヵ月かかっていたものが、４０００問→３８００問→２０００問→１０００問と、解くべき問題の数がどんどん減っていきますから、一回転するのにかかる期間も、半年→3ヵ月→1ヵ月と短縮化されていきます。

そして、**直前期には、全範囲を１日で回せる**ようになりますから、直前1週間は、全範囲を10回転くらいこなしました。これだけ短期間で集中的に全範囲を回すと、もう忘れません。

1回目の受験は惨敗でしたが、2回目（会計、税務、監査が合格）と3回目（最後の商法が合格）の受験の際は、自信を持って臨むことができました。

テキストをバラバラにする

ＣＰＡの試験勉強は、Wiley CPA Exam Review（ワイリー）という問題集を使いました。これがまた1科目でも電話帳のように分厚くて重くて、その分量の多さに圧倒されて、やる気が失せます。

そこで、たとえばAudiT（監査）のInternal Control（内部統制）の講義を受けたら、予備校のテキストとWileyのInternal Controlの部分だけを切り離して、これに間違いノートを加えた3点セットをクリアファイルにまとめて持ち歩きます。

量の少ない単元、たとえば税務の「Trust（信託）」は分量が薄いので、ほかの単元とくっつけて再構成します。

こうすれば薄く、かつ軽くなり、**「今日はこれだけを勉強するぞ」と迷わず集中できますし、「まだこんなにあるのか」というプレッシャーでやる気が失せることも防げます。**

日常で読む本にも使えます。日本語の本であっても、分厚いものは重くて持ち運ぶのが大変です。そこで、章ごとにバラバラにして、一章分だけ持ち歩くと、集中して読むことができます。

ただし、**電子書籍が普及してきたこともあり、原書ではバラす手間は不要になりつつあります。**Wiley もキンドル版が出ていますし、値段も紙の本より格安です。

電子書籍化されていない本では、「自炊」と呼ばれるデジタル化の方法があります。

ちょっと手間がかかりますが、**本やテキストをスキャナーでスキャンしてPDF化し、スマートフォンやノートPCに入れて電子書籍として持ち歩く**という方法です。

最近では、本の裁断・全ページのスキャン・PDF化までの全工程を、格安料金でやってくれる業者も登場していますので、忙しい人はこうした業者を利用してもよいでしょう。

これらをiPhoneやiPadに入れたり、クラウド上に保存したりすれば、前述の問題は解決されます。

個人的には自炊は面倒なので、バラバラにするほうが好きです。「やっぱりまるまる一冊になっていたほうがよい」と感じたなら、もう一冊同じものを買います。

もったいないと感じるかもしれませんが、テキストも本もせいぜい数千円です。その本をマスターできなければ、あるいは使いこなせなければ、お金も時間も両方失います。そう考えれば、投資回収の方法のひとつとしてはアリではないでしょうか。

常識や道徳をいったん排除し、買ったテキストを骨までしゃぶるには、いったいどういう使い方が最も効果的かを考えると、「本をバラす」という方法が合理的な場合もあります。

オンラインテキストを編集してオリジナル参考書をつくる

パソコンがあまり普及してない時代、あるいはネットのダイヤルアップ接続時代には考えられないほど技術が進化しました。

コピペが簡単にできますから、**オンラインで販売されているテキストや問題集であれば、自分の苦手な部分だけをコピペして、自分だけのオリジナルテキスト、オリジナル問題集をつくることができます。**

ＰＤＦのテキストであっても、ワードなどのテキスト文書に変換するソフトウェアも市販されていますから、それを使えば問題なくテキストをつくれます。

電子書籍の時代になれば、さらに期待が高まります。たとえばアマゾンの電子ブックリーダー「キンドル」にはハイライト機能があり、デジタル蛍光マーカーで下線を引くことができます。そして、ハイライトした部分だけを集約して表示させることもできますし、それをプリントアウトすることもできます。

さらに、「Text to Speech という機能によって、音声で読み上げさせることもできますから、オーディオ学習教材にも早変わりします。

書店で販売されている分厚い試験対策の書籍が、携帯電話と同じくらいの重さのデジタルになるので、使い勝手は格段に向上します。これから受験勉強を始める人にとっては、より勉強しやすい環境になるのではないでしょうか。

４　不安を解消する方法

わからない問題にウンウンうなっても解けるはずがありません。疲労するし、時間も無駄になってしまいます。

そこで、**問題文をパッと読んで「あ、こりゃわからない」と思ったら、すぐに答えを読みます。**

学習初期の頃は、そもそも知識不足です。知らない問題を考えても答えが出てくるはずがありません。ヤマカンで当たったとしても意味がありません。

それなら、最初から答えを見て解説を読んだほうが速いというわけです。

この方法が合理的だなと思ったのは、高校生の頃、和田秀樹氏の『受験は要領』（ゴマブックス）を読んでからです。

この本では「暗記数学」という、とにかくたくさんの解法を暗記し、パターンをインプットするという方法を提唱していました。

それまでは、「すぐ答えを見るなんてみっともない」というプライドが邪魔し、自分で解こうとしていたので、目からウロコでした。

私はこの方法で数学の得点が急上昇し、センター試験でも5科目中最高点だったことは前述したとおりです。

その実体験から、「わからなければ答えを見る」という方法をとるようになりました。割り切って「答えを見る勇気」もときには有効です。

本当の合格率はずっと高い

合格率が数パーセントだから「競争が激しく難関試験か」というと、ちょっと違うようです。

なぜなら、本当に競争している受験者というのは、全体のごく一部にすぎないからです。おそらく半数以上の受験者は、「お試し受験」や「とりあえず受験」ではないでしょうか。

本気で合格を勝ち取りに来ている受験生は、そう多くはなく、ほとんどの資格試験の実質的な合格率はもっと高いと感じます。

私がかつて日商簿記検定を受験したとき、隣の人の答案用紙はほぼ白紙でしたし、CPAを受験したとき、受験仲間に点数を聞くと、50点に満たない人も多くいました。

CPAは、結果の点数と、どの分野で点を落としているか、全部オープンで教えてくれます。このあたりはクローズドな日本の資格試験とは違う点です。

余談ですが、ＣＰＡは受験予備校主催で受験ツアーなるものが組まれていたので、私も一回目の受験はそのツアーを利用しました。

２日間の試験が終わった日の夜は、各予備校主催のお疲れパーティーが開かれます。特に２回目の受験のときは、日本人の受験者がすごい人数でした。

私が通っていたＡＮＪＯインターナショナルだけでなく、ＵＳエデュケーション・ネットワーク（現・アビタス）、ＴＡＣ、虎ノ門アカウンティングスクールなど、いろんな学校の受験生が入り乱れていました。

極度の緊張感から解放された安堵感と、２日間で20時間にも及ぶ試験の疲労感で、全員ナチュラル・ハイ。それに、学校は違えど戦友みたいな感じなので、すぐに仲よくなります。若い女性の受験者も多く、後半は「ねるとんパーティー」状態でした。楽しかったなあ……。

真剣勝負をしているのはごく一握りの受験生

それはともかく（笑）、まじめに勉強しているのは、感覚的には受験者総数の半分にも満たないので、実質的に競争しているのはごく一部の受験生同士です。

ＣＰＡも、受講生全体の合格率が10％程度と言われていましたが、実際は科目合格も含め60％程度と高かったそうです。

当時のＣＰＡ試験は、わざわざ会社を休んでアメリカに受験に行かなければならなかったので、覚悟のない人や勉強が進んでいない人は受験しなかったという理由もあるようです。

ですから、ＣＰＡに限らず、まじめに勉強していない受験生も含まれた、表面の合格率に恐れることはないと考えています。

試験直前期の不安を乗り越えるのは、「これだけ勉強した」という自信

本試験が迫ってくると、誰でも不安になります。まだこれも覚えていない。まだこんなにやることがある。受かるだろうか、落ちたらどうしよう……。

その不安に耐え切れず、毎年多くの受験者が、試合を棄権していきます。つまり試験を受けずに放棄、挫折します。あるいは惰性で受験する。

「受験とは、熱い風呂のガマン大会」と言われます。つまり、先に風呂から出た人の負けというわけです。

受験勉強は基本的に一人でやるものですし(受験仲間がいたとしても勉強するのは自分自身という意味で)、その苦しさが外から見えないので、自分だけが苦しいように感じます。

でも、本当はみんな苦しいのです。

そんなとき、最後に自分を支えてくれるのは、勉強した証しである積み上げられたノート。そして、**「こんなにがんばったんだ」という自信**です。

私の場合、簿記にしてもＣＰＡにしても、計算用紙代わりに使ったノートの山が目に見える根拠となり、自信を持って試験に臨めました。

合格発表までは、勉強を続ける

よほど手応えがあった場合でなければ、受験が終わった後も、勉強は続けたほうがよいと思います。勉強の習慣と問題を解くカンを失わないためです。

もちろん、直前期ほどがむしゃらにやる必要はありません。一日1～2時間ほどでいいので、問題演習を少しやっておく。

資格によって、試験日から合格発表までの期間は異なりますが、1～2ヵ月はかかるでしょう（ＣＰＡは約3ヵ月後でしたが、年に2回試験がありましたから、合

格発表を待っていたら次の試験まであと３ヵ月しかないということになってしまうという、特有の理由もありました）。

その間をサボれば、長時間集中する習慣も問題を解くスピードや勘も、アッという間に衰えます。**一気に高めた能力であればなおさら、衰えるのも一瞬です。１ヵ月の空白は、素人に戻るのに十分な期間**です。

再びトップギアに入れるのに時間がかかるとしたら、その損失は大きなものがあります。

だからこそ、「こりゃ合格だな」という手応えがあったのでなければ、少しだけでも勉強を続けるようにしたいものです。

《コラム》英語との戦い

米国の試験は、日本のように一定の合格者数の枠があり、成績上位者から順番に合格させていく、というものではありません。

たとえばＣＰＡの場合、各科目75点以上取れば合格という基準でした（科目合格の場合も、不合格科目が50点を下回らないこと）。

また、極端に正答率の低い問題や、重箱の隅をつつくような瑣末な問題をつくった問題作成者は、学会で非難されるそうなので、比較的基礎的な良問で構成されるようになります。

つまり、何年も受験勉強に費やさないと合格できないものではなく、基本をきっちり勉強すれば必ず合格するところが、アメリカらしいなあと思います。

しかし、海外の資格を取ろうとすると、言語の壁が立ちはだかります。

ロサンゼルスの不動産会社で働いている私の知人は、現地企業に入社できるほどの英語力がありながら、不動産ブローカー資格（米国宅建などと呼ばれます）の取得はかなり苦労したと言っていました。

私などはさらに大変で、高校を卒業してからずっと英語から遠ざかっていたため、最初の頃はチンプンカンプンでした。

ほとんどが専門用語なので、そもそも何が書いてあるのかもわからない。英文そのものは難しくないのですが、専門用語にひっかかって読めないのです。

この勉強を始めたことをすぐに後悔し、挫折しそうになりました。

しかし「継続は力なり」とはよく言ったもので、辞書を引きながら専門用語を覚え、問題を何度も繰り返していると、少しずつ英語表現にも慣れ、理解できるようになってきました。


直前期には、問題文を見たら瞬時に解けるものもできてきました。

当時のCPA試験は、1科目の試験時間が5時間くらいもあり、問題数も膨大でした。そこで、いかに一瞬で解ける問題を峻別し、難しい問題に時間を割けるかが、75点を超えられるかどうかの分かれ目でもありました。

試験で問われる英語表現には傾向があるので、繰り返し問題を解けば慣れます。受験勉強といっても、大量の英文を読むことになりますから、読解力も向上します。

ですから、勉強を始めた当初の英語力には関係なく合格できる試験です。


ちなみに、ヒアリングのほうはサッパリでした。

試験会場で解答用紙の切り取り方の説明があったのですが、私は全然聞き取れず、隣の人がやっているのを見ながら切り取りました。

笑えるのは、試験官の「始め!」という合図すらわからず、周囲がいっせいに取りかかるの見て、自分も慌てて始める、という状態でした。

それでも合格できたので、試験用の英語に対してはそう恐れる必要はないんだなあと感じました。

第5章　世界で通用する言語を習得する

1　英語学習の4ステップ

私は10年スパンの将来、日本の株価は下がり、円安になるだろうと予測をしています。すると、海外から見れば、不動産をはじめとした日本の資産や商品が安く映るので、海外から日本へ買い物客が増えるでしょう。

それでなくても中国やインドの所得水準が上がり、銀座や秋葉原には、大勢のアジア人が買い物に来ています。

ということは、お金を使わない日本人よりも、外国人相手のほうが、商売としては有望だと言えます。

英語力がなければ可能性が狭まる

新興国へ活路を見出そうと、製造業をはじめ、飲食業やIT業界も、海外に飛び出しています。そんなグローバル化の時代で活躍するためには、仕事の能力はもちろん重要ですが、それ以前にコミュニケーション手段としての言語能力が必要です。

グローバル時代の共通言語とは、言うまでもなく英語です。中国でも韓国でも、ビジネスパーソンは英語を使います。

英語を社内公用語に指定したり、昇進や入社の条件にTOEICのスコアを指定したりする企業が現われるように、**英語はダイレクトに収入やチャンスに結びつく可能性が高いスキルなのです。**

もちろん、誰も見向きもしないマイナーな言語をマスターし、希少人材として活躍している人もいます。

何かの雑誌で、ロシア語をマスターし、大手商社に就職した人の話を読んだことがあります。資源が豊富で購買力も上がっている対ロシアビジネスの重要性が高まっていながら、ロシア語を操れる日本人はそう多くないため、比較的ラクに就職できたそうです。

その記事は、「希少なスキルがあれば、ニッチなマーケットで引っ張りだこになる」という結論で締めくくられていました。

ビジネスでも、ニッチマーケットでは一人勝ちできるチャンスがあります。

たとえば中国が注目を集めると、中国語会話教室が増えていきます。すると、そこでの競争は激化し、大手との戦いになります。

ところが、スペイン語会話教室のビジネスは、マーケット規模が大きくないため、大手が参入しにくくなります。スペイン語はアルゼンチンなどを中心に、世界で約４億人に使われています。そこで、自営でスペイン語会話教室を開いたり、通信講座を売ったりしても、十分稼いでいけるというわけです。

これは、スペイン語の学習教材を通信販売している人の、実際の話です。

という例はあるにしろ、基本的には、世界共通のビジネス言語である英語を学ぶ優先度が高いと思います。

英語は続けられないことが最大のボトルネックですから、いかに**続けられる環境をつくるか**、いかに**日常生活の中で英語に多く触れられるか**を考えます。

なかには海外の情報商材を日本語に翻訳して販売している情報起業家や、イーベイに出品して、英語表現の練習と小遣い稼ぎの両方を狙っている人もいます。

歯を食いしばってがんばることも大切ですが、興味が持て、好きになることも大切ですから、楽しんでできる方法を探すことです。

楽しんでできると、続けられます。続けることができれば、徐々に上達します。ある日突然、ナチュラルスピードの英語が聴き取れるようになります。口をついて英文が出てきます。そうすると、ますます英語学習が楽しくなります。

英語の学習は楽しい
↓
楽しいからもっとやる
↓
わかるようになる
↓

もっと英語が楽しくなる

こうした上昇スパイラルが描ければ、英語の習得が日常生活の一部になってくるので、毎日少しずつでも工夫をして英語に触れる時間をつくれるようになります。

英語も神経細胞をつくるスポーツ

何の言語情報も持っていない赤ちゃんの言語習得メカニズムと、すでに日本語という言語体系が完成している大人とでは、学習方法も異なります。

私の経験では、「とにかくシャワーのように大量の英語を聞けばマスターできる」という方法は難しいのではないか、と感じています。

もちろんそれも大切ですが、「聴くだけ」よりも、スポーツやお稽古事のように、手も口も動かす、あるいは五感を使うと、上達が早いと感じています。

脳の神経細胞を構築するには、同じ動作を繰り返すことで自動化すること。これを脳科学では「コード化」と呼ぶそうです。

ピアニストは、新しい譜面を見ても、すぐに上手に弾くことができます。

それは同じ楽曲を何百回も繰り返すことで、ピアノ演奏に関する情報を整理格納し、身体に伝える脳の神経回路が発達しているからです。

同様に、**英語に関する脳の神経伝達回路をつくるために、同じテキスト、同じフレーズを徹底して繰り返し、身体に染み込ませる**ことが有効のようです。

そうして、翻訳しなくても瞬時に英語が理解でき、無意識でもフレーズが口から飛び出し、新しい単語や表現もすぐに吸収できるようになります。

英語は独学でいい？

資格試験対策は受験予備校推奨派ですが、英語に関しては独学派です。

英会話学校ではほとんど英語力が向上しなかったこと、独学のほうが効率がよかった、という自分自身の経験からです。

英会話学校はアウトプットの機会としては適していますが、英語からしばらく遠ざかって、もう一度やり直そうという人には、初めは独学で十分です。

なぜなら、**社会人のやり直し英語に必要なのは、アウトプットよりもインプット**だからです。

インプットの少ない状態で英会話学校に行っても、「マイ・ネーム・イズ……」という幼稚園児のような会話しかできず、自己紹介レベルのやりとりが何ヵ月も続いてしまいます。

挨拶ができる程度のレベルではなく、スピーチができるようになった段階で通ったほうが、得られるものが多いのではないかと思います。つまり、英会話学校は、むしろ練習試合のようなものではないでしょうか。

ただし、続ける・モチベーションを維持する、という観点からは有効です。

決まった時間は必ず英語に触れることができます。うまく話せなければ恥ずかしいのでやる気が出ます。

多忙な社会人の場合、勉強時間を確保するのも大変ですから、**ペースメーカーとして考えると、使う価値はある**でしょう。

2　副教材を効果的に使う

私の英語学習は、ディクテーション・リピーティング・瞬作文の３つがメインです。

１ディクテーション

これは英文を聴きながら書き取る方法です。ｔｈｅ、ａｔ、ｉｎ、ｏｆ、ｆｒｏｍなど、前置詞を含んだリエゾンが苦手なため、一言一句すべて書き取ります。何度も何度も同じフレーズを聞き返すことになりますが、これがよい訓練になります。スペルも自然に覚えられます。

ウォークマンの区間リピート機能を使うと、書き取る長さを調節できるので便利です。これはカフェでも電車の中でもできるので、続けやすい学習方法です。

2 リピーティング

これは、オーディオ教材の音声に続いて同じ文章をリピートして読み上げる練習で、いわゆる音読です。私はまだまだ英語の語感が弱く、口が回らないことがあります。

ネイティブの発音、抑揚、間も含めて完全コピーするつもりで、ひとつの文章を「50回」をメドに繰り返します。繰り返すうちに、英語のリズム、典型的なフレーズが馴染んできます。

この練習は自宅でやります。カフェでぶつぶつやっている人を見たことがありますが、私には勇気がありません。そこまで自分を捨てられる人を尊敬します。

3 瞬作文

これは、英語教材の日本語文を読んで、一瞬でそれを英訳して発声する方法です。日本語訳を英文に瞬間翻訳するイメージです。

私はいまだに頭の中で「え〜と」と文章を考えてしまうクセがあり、この状態では実際には使えません。頭の中で考えることなく瞬時に口から出るまで練習すると、アワアワすることなく会話ができるようになります。

電車の中などでは頭の中で、自宅では声に出して瞬作文します。

これらは、ほかの英語学習法の本も参考にしながら試行錯誤の結果にたどり着いた方法なので、完全オリジナルではありません。

しかし、上達するにつれて、生活の中でいかに英語に触れられる機会を増やしたり、いろいろな練習方法を思いつくので、自分で鍛錬法を考案するほど熟達していくものであると実感します。

英語の3点セットで学ぶ

自分の「好きな分野」を「英語で」学ぶという方法があります。英語を勉強するのではなく、自分の趣味や興味のあることを英語で楽しむのです。

「オーディオブック」と「原書」「日本語」の翻訳書の3点セットを用意します。まず日本語の本を読んで内容をつかんだ後、原書を読み、対応したオーディオブックを聞くという単純な方法です。

オーディオブックとは、その名のとおり、原書の主要部分を朗読した音声ＣＤです。オンライン書店のアマゾンにも、多くのオーディオブックが販売されていますので、自分の好みに応じて選ぶことができるでしょう。

ベストセラー翻訳書であれば、たいていオーディオブックも出ています。自己啓発に興味のある人なら、たとえば『7つの習慣』を原書で読み、音声で聴くのも、知的好奇心がそそられます。

あるいは、映画を観てから原書にあたるというのも、内容の予測がつきますから、比較的容易に読み進めることができます。内容がサッパリわからなければ眠くなるだけですが、わかると英語を読むのが楽しくなります。

英書を読む

自己投資として読書をしている人は多いと思います。しかし、自己投資の読書と英語の学習を別々にやるというのは、多忙なビジネスパーソンにはなかなか難しいものがあります。

それに、英語を身につけるために、無味乾燥な会話文を音読したり、興味の持てない文章を読んだりするのは非常に苦痛です。

そこで、これらを一緒にしてしまいましょう。つまり、自己投資のための本を原書で探して読むのです。英語を学ぶのではなく、**英語で専門分野を学ぶ**のです。

自分の本業にかかわる分野はもちろん、ネットビジネスやマーケティングなど、海外のほうが進んでいる分野も多いですから、最先端の情報に触れることができます。英語の学習と合わせて一石二鳥です。

もちろん、最初はちょっとしんどいかもしれません。読書スピードもガクンと落ちます。しかし、続けているうちに、徐々に慣れていきます。

また、ペーパーバックを最初から最後まで読んでいると、同じ単語に再び出会う頻度も高くなりますから、わざわざ単語を覚えようとしなくても、文脈の中で意味を予想できるようになります。

私もつい最近のことなのですが、**本を買うとき、日本語の本よりも原書が多くなるように意識しています。**

分厚い原書の場合は、そのままだと読む気が失せますので、章ごとにバラバラにします。ちょびっとだけ持ち歩いて読むようにすると、プレッシャーもなく読み進められ、達成感も得られます。

ほかにも、料理が好きなら料理の原書、歴史が好きなら歴史の原書を読む。マンガが好きなら、日本のマンガの英訳書など（『NARUTO』や『ワンピース』など、人気マンガはラインナップが揃っています）。

趣味の分野だと語彙や表現が偏るという短所はありますが、これもなるべく英語に触れる時間を増やし、挫折しにくくする方法のひとつです。

動画教材を積極的に使う

「通勤電車の中で英語のCDを聴いていたら、いつの間にか寝ていた」。こういう経験をしたことはないでしょうか。私はあります。

音だけを聴き分けるのは非常に集中力を要し疲労しやすい上、適度な揺れがあるので眠くなります。やはり音声だけはつまらない。

そこで、最近増えてきた、DVDなどの映像教材を積極的に取り入れたいものです。映像を見ながら学ぶと、積眠くなりにくいですし、フレーズも覚えやすくなります。

たとえばソースネクスト社の「超字幕シリーズ」の「ディスカバリーチャンネル」は、映像の横に英文と日本語訳が随時表示されているので、文化・教養を楽しみながら学習することができます。

YouTube英語学習術

YouTubeには、英語のコンテンツがたくさんアップされています。なかには英語字幕が入っているニュースや短編ドキュメンタリーもありますので、英語学習に便利です。

インターネットにさえつなげれば無料ですので、お金をかけずに学ぶことができます。実際にYouTubeを活用している人も多いようです。

その中でも面白いのがアニメです。日本のアニメは海外でも放映されており、海外のファンが多数のアニメをアップしています。

何が面白いのかというと、セリフは日本語なのに、英語の字幕が出るので、「あ、これって英語ではこう言うんだ」ということがわかることです。しかも、見ていて楽しいし、繰り返し見ても飽きない。

無料で見られるアニメサイトはほかにも、「veoh」「Dailymotion」「Saymove!」「Pandora TV」などがあります。

そのほか、「NHK WORLD TV」（ＮＨＫの２カ国語放送）や「Financial Times」「BBC NEWS」なども無料で動画視聴できるニュースアプリがあります。

3　英語継続システムをつくる

来月から海外赴任とか、来年の昇進試験にＴＯＥＩＣのスコアが必須とか、目的や理由がある人やデッドラインがある人は、必死で学習します。

しかし、取り急ぎ必要性は高くないけれど、「将来のスキルアップやビジネスチャンスには必要かも」という理由だと、どうしても生活の中での優先順位は下がってしまいます。

語学の習得は、効果が出るまでに時間がかかります。TOEICのスコアも横ばいが続くなど停滞期がありますから、学習そのものに疑問を感じる時期もあります。

そういった理由もあり、語学というのは挫折しやすい典型的な学習分野であると言えます。

挫折を防ぐためには、達成感と進捗感を得られるような細かい工夫をすることが重要になります。

前述の「マスターマップ」は、範囲とデッドラインがある資格試験で有効なのですが、語学の習得には、範囲もデッドラインもありません。

そこで、ウォーキングで歩数や消費カロリーを測るように、「練習量」を測ってモチベーションにします。具体的には、一日の目標学習時間と学習内容を設定して、そのマス目を埋めていくという方法です。

勉強した時間を「見える化」する

たとえば一日の目標学習時間を2時間とします。社会人は忙しいですから、15分を1コマとして、8コマのマスを手帳に書き込みます。まとまった時間がとれる人は、30分1コマ、1時間1コマでもよいでしょう。

あとは**学習した時間を計測し、15分ごとに塗りつぶしていく**だけです。一日の終わりにまとめてもOKです。

そして、カレンダーのように一覧にしておけば、毎日何時間勉強したかが見えます。

ただ時間を書くよりも、**色を塗りつぶしていくほうが、達成感があります。**これが「今日もがんばった」という満足感と自信になります。

一般的には「勉強量×密度」が重要ですが、語学の場合、最初のうちはなかなか成果は出ません。最初のうちは「量」だけでよいのではないかと思っています。

成果をモチベーションエンジンにするのではなく、物量をモチベーションエンジンにするのです。

達成度を得られる工夫

　初学者のうちは、**使うテキストは、なるべく薄くて分量の少ないものを選ぶ**ほうが、プレッシャーにならずに学習できます。

「コンドームとテキストは薄いほうを選べ」と言われるように（ホントか、笑）、**「このテキストをやり切った」という達成感を多頻度で経験できる**からです。

　ＣＤが３枚もついているテキストは、一見オトクに見えても、私は避けるようにしています。分厚く文字だらけの原書も、なるべく避けます。

　オーディオＣＤは1枚。原書なら、たとえばペンギンブックスの子供用書籍で20ページくらいのものから入ります。

　最後まで終わるのに何ヵ月もかかるようなテキストでは、いずれ飽きます。面倒くさくなります。ほかのテキストに手を出したくなります。英語教材ジプシーの「一丁上がり」です。本棚には、途中で挫折した英語教材が数多く鎮座することになります。

　お金と時間をかけたにもかかわらず、なぜか英語力は大してついていないということになります（かつての私です）。

「最後までやり切った」という経験は、仕事でも勉強でも、人間の自尊心をくすぐり、大きな自信になります。従って、レベルが低くてもよいので、薄くてすぐ終わる教材を選ぶようにします。

《コラム》ＴＯＥＩＣは受けても対策は不要

「ＴＯＥＩＣ対策をしてよい点数を取ったとしても、それは必ずしもその人の英語力を示したものではない。慣れとテクニックで、ある程度スコアを稼ぐことは可能だから。ＴＯＥＩＣ対策に重点を置いた英語学習に走ると、必ずしも使える英語力には結びつかない危険性がある。

しかし、TOEIC対策をしないでハイスコアをとったら、それは純粋にその人の英語力を示している。なぜならTOEICとは、英語力が上がれば自然にスコアも上がるように設計されているからだ」

……と、英会話学校を経営している知人が言っていました。

彼の言い分は、こうです。

「ただし、モチベーション維持の装置や、上達度を計測する装置としてのTOEICは有用である。定期的に実施されるのでペースメーカーになるし、上達度をスコアという具体的数値で計測できるからだ。つまりTOEICは、自分の上達状況を図る目安であり、英語学習のモチベーションを維持するための計測ツールとして活用すべきだ」

ただし、試験会場で戸惑わないように、市販の模試でいいので、「一回はさらっとやっておきたい」とのことです。

第6章　学習継続システムをつくる

1　モチベーションが結果を左右する

成功している企業と、そうでない企業は、何が違うんだろうかと考えてみる。稼いでいる人と自分とを比べて、いったい何が違うんだろうかと考えてみる。チャンスをモノにする人と、そうでない人とは、何が違うんだろうかと考えてみる。

トップの人材にはトップになる理由が、トップ企業にはトップ企業になる理由があるはずです。

年収とか企業規模とか知名度といった表層的な違いや単なる結果ではなく、結果の違いをもたらしている違いはいったい何なのか。

その違いのひとつに、**「続けている」**ことが挙げられます。

続ければ、誰でもある程度のレベルになります。続けていれば、続けられないほかの人が脱落していき、自分の順位が繰り上がります。

そこで本章では、「続ける」技術をご紹介していきます。

モチベーションの火を燃やし続ける工夫をする

前述のとおり、ものごとの上達や習熟には、ある程度の時間がかかります。ということは、ある程度は続けなければならないということです。

試験勉強は、半年~2年という期間、高いレベルでモチベーションを維持しなければなりません。「スランプかな」と言っているうちに本番が来てしまうため、気を抜くことができません。

人生全体から見ればごくわずかな期間ですが、短期だからこそ巨大なモチベーションの業火を燃やす必要があります。

一般のビジネスパーソンにとっての勉強は、そこまで自分を追い詰めてやるものではありません。終わりがありませんから、つらくなって続かないでしょう。

そこで、**小さくても、長期間にわたりモチベーションの火を燃やし続ける工夫**が必要です。

外部の刺激によって（本を読んだり人の話を聞いたり）火がつくことはありますが、その火が消えても誰も文句を言いませんから、あとは自力で保たなければなりません。

どうやってモチベーションを維持するかという方法論は、学習者にとっては重要な課題です。

技術の向上が燃料になる

何事もそうですが、ある程度上達すると、俄然面白くなります。

スポーツはその典型で、いつまで経ってもラケットにボールが当たらなければつまらなくなりますが、打ち返せるようになると楽しく感じます。試合に勝つと、もっと強くなりたいという欲が出ます。逆に負けると悔しく感じ、その悔しさがバネとなります。

こうなると、練習は上達に必要なプロセスだと本能的に理解するので、自分を追い込むこともそれほど苦でなくなります。

仕事でもミスばかりするとか、全然儲からないものはイヤになります。しかし、うまくこなせるようになり、儲かるようになると、楽しくなります。お客様からの感謝の声をもらうようになると、「自分の天職かもしれない」と思えてきます。

つまり、初学者に必要なのは、**いかに早くヘボッピな状態を抜け出し、中級レベルに上がるまでガマンするか**、ということです。

ここは耐えて続けるしかないのですが、まずは「人間のモチベーションとは、そういうメカニズムになっている」ということを理解しておくだけでも、壁を乗り越える原動力になるでしょう。

技量の向上と記憶力は比例する

何かの本でこんな話を読みました。

チェスの名人は、対局中のチェス盤を1分見ただけで、すべての駒の位置を覚えているが、素人は、4、5個しか覚えていない。そこで、駒の置き方を対戦形式ではなく、デタラメに置いてみたところ、チェスの名人でも4、5個しか覚えておらず、素人より少しましなだけだったそうです。

将棋でも、終わった後に「感想戦」というのをやりますが、プロの棋士は、最初の一手からすべての手順を再現していきます。

では将棋のプロは記憶力が抜群なのかというと、実はそうではなく、将棋という限られた分野でのみ、驚くほどの記憶力を発揮するそうです。

ピアニストは、人間技とは思えない速さと正確さで鍵盤を弾きますが、だからといって「あやとり」がうまいかどうかは別問題です。

農家のおじいちゃんやおばあちゃんは、新しい作物の育て方はすぐにマスターしますが、パソコンはどうでしょうか。

つまり、技なり専門性を高めようとして訓練すれば、次第に脳の神経細胞が組み変わり、その分野での記憶力も吸収力も高まるということです。

ということは、学習の初期段階においてなかなか覚えられないのは、当然のことであると言えます。なぜなら、脳の神経細胞が、まだその分野に適合していないからです。

よく「法律脳」「数学脳」「英語脳」といった呼び方がされますが、これは非常に的を射た表現です。

ある分野に習熟していくということは、その分野に適合する脳の神経伝達回路が張り巡らされ、スムーズに電気信号が行き来するようになるということです。

新しい知識をインプットしても、脳内にはすでに張り巡らされた格納庫があり、ストックもスムーズ。流通ルートも完備されているので、すぐに取り出せるわけです。

脳が切り替わる瞬間

投入時間と密度によりますが、脳の神経細胞が組み変わるまでの数ヵ月間はガマンして続けることが重要です。

学習の初期段階は誰でもつらく、そのつらささえ乗り越えれば、あとはスムーズになるのですから、始めて1ヵ月程度で「覚えられないから自分には向いていない」という認識は間違っているわけですね。

そんなものごとの習得のメカニズムを知れば、「しんどい」と感じても挫折することはなく、「あ、この山を越えれば次は楽になる」と思えばいいとわかります。

2　やる気のスイッチが入るツールを用意する

単純な方法ですが、火をつけてくれる珠玉の名言集、やる気ソング集、やる気ビデオ集をつくっておくとよいでしょう。疲れたとき、やる気の出ないときに読み返すと、モチベーションに火をつけてくれます。

やる気の名言集

「人生の醍醐味のひとつは、『君には無理』と言われたことを、やってのけること」

「奇跡を待つのではなく、奇跡を起こすことが最高に面白い」

「才能とは、果てしなく続く繰り返しに耐えられること」

「夜寝ている間に見る夢はただの夢。本当にかなえたい夢は、真昼に目を開けて見ろ」

「悩みは成長飲料水～苦いけど効く」

「夢は自分を裏切らない。裏切るのはいつも自分」
「不公平、理不尽は、自分というタネにまかれた肥料。将来、きっと美しい花が咲く」
「正念場は迎えるもの、修羅場はくぐるもの、壁は乗り越えるもの、逆境はバネにするもの、挫折はしっかり味わうもの」
「自分が何事かを成そうと集中していれば、他人のことなんて気にしているヒマはない」
「局地戦に負けても戦争で勝てばいい」

やる気の動画集

動画も効果的です。YouTubeで検索すると、たくさんの名言集が出てきます。アニメや映画の名場面集、感動動画面集などもありますから、こういうものを集めるのもひとつの手です。「プロジェクトX」なんかもいいですよね。

やる気ソング集

さらに、お気に入りの音楽を集めて、やる気ソング集をつくっておきます。

元マラソン選手の高橋尚子さんがｈｉｔｏｍｉの「ＬＯＶＥ２０００」、女子フィギュア選手の安藤美姫さんが絢香の「I believe」を聴いていたという有名なエピソードがあるように、アドレナリン全開にして試合に臨むプロスポーツ選手は多くいます。

男性ならロッキーのテーマが流れると、毛が逆立って血が騒ぐという人も多いでしょう。

やる気マンガ集

マンガは感情移入しやすいですから、やる気に火をつけやすい方法のひとつです。

受験勉強では、たとえば『ドラゴン桜』（三田紀房、講談社）。このマンガは、合理的な思考と訓練によって、東大を目指すという受験マンガですが、資格試験にも役立つ内容が多く入っています。

同じ作者による『マネーの拳』（小学館）も、ビジネスのピンチを切り抜けるときの知恵や考え方が多く、やる気にさせてくれます。たとえば大富豪から1億円の出資をしてもらう条件として、「ホームレスを10人雇え」と言われるのですが、そのホームレスの選び方が秀逸です。

勉強に疲れた、勉強方法に迷った、モチベーションが下がった、という場合に全巻イッキ読みしてみると気合いが入ります。

このほか、やる気を瞬時に燃え上がらせる即効テクニックは、拙著『やる気がなくてどうしようもない私を救ってくれる本』（ＷＡＶＥ出版）で60種類紹介していますので、もし興味があればそちらをご参照ください。

誰かに監視してもらおう

ある下着メーカーが取り組んでいる禁煙運動を雑誌の記事で読んだことがあります。

禁煙したら報奨金がもらえ、タバコを吸ったら罰金が科されるというものですが、これをほかの社員が申告するのです。

自分の周りは全員監視員で、もしタバコを吸っているところを見られたら内部告発されるのですから、効果はありそうです。

これを応用すれば、学習にも使えます。

家族がいれば、宣言して監視してもらう。特に子供は素直ですから、よくも悪くも残酷に「パパ、勉強しなくていいの？」と注意してくれます。

もし一人暮らしの場合は、**自宅のあちこちに、「そんなことをしていて、本当にいいのか？」と書いた紙を貼っておく**と、サボっていれば罪悪感に襲われます。

その張り紙を撮影して、携帯やスマートフォン、パソコンの待ち受け画面に設定しておくのも単純な方法ですが、意外に効きます。

仲間をつくる、チームに所属する

一人でやるのもよいのですが、同じ趣味や目的を持った仲間がいることは、継続への動機づけになります。

読書会や勉強会が有効なのは、前述したピア・ラーニング効果だけでなく、モチベーション効果もあるからです。

勉強仲間がいれば、お互いにどこまで勉強が進んでいるか、どのくらい勉強しているかという話をすると、刺激を受けます。

私自身、簿記の勉強を始めるとき、大学の同級生と一緒に申し込みをしました。ＣＰＡの受験ツアーで知り合った友人と、毎週末、一緒に自習室で勉強していたのです。

受験勉強中は、ただでさえ精神的に不安定になりがちなので、同じ悩みを打ち明けられる仲間がいたのは貴重でした。

ジョギングなどスポーツ分野などでは、チームに所属すれば、「○○さん、今日は来てないの？」と言われないようにする強制力があります。それに、一人で街中を走るのは気後れしますが、みんな一緒であれば恥ずかしくないでしょう。

最近では、**ツイッターやフェースブック上でチームを結成し、練習量や成果を報告し合う取り組みが活発**です。

「今日は20キロ走りました」「今日の体重は60キロです」「今日は英単語を50個覚えました」と仲間の報告を見れば、自分も負けじとがんばります。

何より仕事では得られない仲間、同じ趣味の会話で盛り上がれる仲間がいるというのは、とても楽しいものです。

３Ｋツールを買う

スポーツやお稽古ごとでは、形から入るという方法も有効です。

たとえば、かっこいいウェアとシューズを買うことによって、「走ろう」という気分になります。自転車にしろゴルフにしろ、かっこいいスタイルに身を包むことで、気分が盛り上がります。

同じように、高級なギターを買うことによって、積極的に練習したくなります。高級なカメラを買うことによって、被写体を真剣に追いかけたくなります。

高額・高級・カッコイイという「３Ｋ」を満たす道具を揃えることで、自己関与欲求が高まります。自腹で買うとなおさらです。

反対に、ダサいウェア、安い中古ギター、インスタントカメラを買っても、真剣に取り組む気持ちにはなりにくいでしょう。

私の場合、仕事も学習もメインツールのモバイルパソコンにはお金をかけています。

起動や処理のスピードが速ければ快適ですし、たとえ数秒の差であっても、積み重ねれば大きな時間の節約になります。重量も軽く、バッテリーの持ち時間も長くなり、故障のリスクも低減します。

さらに、パソコンは買い取りやオークションも活発なので、古くなる前に買い換えれば、お金の負担も軽くすることができます。

また、先日はジョギングシューズをちょっと高級なものに買い換えました。いつもは適当に選んでいたのですが、今回はきっちり足のサイズを採寸してもらい、何足も試し履きして選びました。

すると、足にぴったりフィットして、とても快適です。同じように見えるシューズでも、こんなに違うものかと感動しました(ちなみに古いシューズは下取りしてもらい、10%オフになりました)。

走り心地がよく、その日以来、ほぼ毎日走っています。

3　勉強を快適にする環境をつくる

私は前述のとおり、家にいると怠けてしまう性分ですから、基本的に外には出るようにしています。自宅には特に書斎はありませんが、その代わり都内数ヵ所に自分の書斎を持っています。といっても部屋を借りているわけではなく、**カフェやファミレス、ホテルのラウンジ**

を書斎代わりに使っているのです。

自宅と会社の近く、都内の主要駅近くに、いくつかお気に入りスポットを決めています。営業時間もほぼ押さえているので、早朝や夜でも利用しています。

商談や打ち合わせなどで、知らない場所に行くこともあります。そんなときは「CafeSnap」や「カフェサーチ」など、GPS機能を使って、自分の現在地周辺のカフェを地図上に表示してくれるアプリなどが便利です。

会社員なら誰もいない会議室や早朝の誰もいないオフィス、学生なら空き教室が使えるかもしれません。これならコーヒーを飲まなくてもタダで利用できます。

晴れて気持ちのよい日は、公園のベンチなども最高です。

ノマド勉強ツール①——カバン

カバンの中に勉強道具をすべて詰め込んでおけば、いつでもどこでも勉強ができます。ちょっとした空白時間でも何かできるように、私はカバンにはこだわっています。

仕事でもプライベートでもひとつのカバンにしていますので、内容物を移し変える必要がありません。

手裏剣のように、カバンからすぐにモノが取り出せることを重視しています。本、ノート、手帳、ペン、ポストイット、ウォークマンなど、それぞれ決まった専用ポケットに入れているので、思いついてから3秒以内に取り出せます。そうすると、見なくても両手がふさがっていても、一瞬で取り出せ、一瞬でしまえます。

本はカバンのサイドポケットに入れているので、一瞬で取り出せ、一瞬でしまえます。電車が止まって扉が開くその瞬間まで読書ができるのです。

このように、ポケットがたくさんあるカバンがとても便利です。ファッション性は完全に無視で、機能性重視です。

カバンは毎日持ち歩くものですから、生産性を左右す

るツールです。市販でよいのがなければオーダーメードで注文するくらいの価値があると思います。

ノマド勉強ツール②――ウォークマン

人に教わった瞬間はなんとなくわかった気分になりますが、一度だけでは、時間が経つとすぐに忘れてしまいます。講義・講演を録音し、あるいは録音された教材を使い、何度も繰り返し聞くと、記憶や理解が強固になります。

私がＣＰＡの受験勉強をしていたときも、講義ビデオの音声だけをＭＤに落とし、ソニーのＭＤプレーヤーで2倍速スピードにして聴いていました(当時はフラッシュメモリータイプのウォークマンがなく、ＭＤの時代でした)。

そのおかげで、難解な項目の箇所や、1回の講義では理解できなかったところも、2回、3回と聞くことで、少しずつ理解できるようになりました。

この方法は司法試験受験生などの間ではポピュラーですが、ビジネスパーソンにも有益な方法です。

私が投資を始めた頃は、ロバート・キヨサキ氏の「ファイナンシャル・インテリジェンス」というオーディオ教材を速聴で何度も繰り返し聴きました。講演やセミナーに参加できないときも、その録音教材を買い、散歩をしながら2倍速で聴きます。

倍速で速聴する

この耳学習、私はソニーのウォークマンを使っています。ウォークマンは学習のための機能がバランスよく搭載されているのです。

まず、スピードコントロール機能によって2倍速までの速さで聴くことができます。60分の講演なら30分で聴けますから、ほかの人と同じ時間を使っても、2回転させられます。

デジタル処理されるため音程も変わらず、早口でしゃべってくれるのと同じで、とても聴きやすい。
さらに、A〜B間リピートもできるので、英語学習に最適です。ディクテーション学習をするときに重宝しています。

iPhoneアプリで速聴する

実はこの機能、iPhoneにもついています。また、「App Store」には「速度調節／区間リピート SpeedUp Player」というアプリがあります。これにも同様の機能がついていますから、iPhoneを持っている人であれば、追加のデバイス購入は不要になります。しかもこちらは2・5倍速まで対応しています。

私もiPhoneを持っていますが、それ以上にウォークマンを重宝しています。軽量コンパクトで駆動時間が長いからです。

iPhoneは、何もしなくてもバッテリーが一日で半分になります。電話・メール・地図検索・投資などで使うと、すぐにバッテリーがなくなります。

予備バッテリーを持ち歩くよりもウォークマンのほうが軽いので、今は別々にしているのです（iPhoneも将来は長時間バッテリーになると思います）。

DVD教材を保存する「DVDfab」

文字だけ、音声だけよりも、動画を使ったほうが、より理解がスムーズになります。同じ勉強をするのなら、なるべく動画教材があるものを選びます。

そして、DVDディスクを持ち運ばなくても済むように、パソコンに保存しておきます。

通常はコピーガードがかかっていますが、DVDfabなどを使えば問題ありません（個人利用に限ります）。

そして、保存したファイルをDropboxなどクラウド環境に置いておきます。こうしておけば、デバイスが変わっても、外出先であっても好きなときにアクセスして勉強することができます。

ｉＰｈｏｎｅにも、「SpeedUp TV」というアプリがあり、こちらも動画を2倍速で見ることができます（前述の「速度調節／区間リピート SpeedUp Player」とは違うアプリです）。このアプリはＭＰ３などの音声ファイルにも対応しています。

私は基本的に速聴でしか使いませんが、友人は面白い使い方をしています。ダンスのビデオクリップをスロー再生して振りつけを覚え、カラオケで披露しているのです（一曲だけでも拍手喝采です）。

４　眠っていた遺伝子を目覚めさせる

「幻魔大戦」という映画があります。超能力に目覚めた主人公、東丈（あずま・じょう）が、世界に散らばる超能力者を結集する旅をしながら、宇宙の消滅を企てる幻魔と戦うというストーリーです。

彼は、映画の冒頭でのちに一緒に戦うことになるサイボーグ戦士「ベガ」に襲われます。そして、殺されるかもしれないという究極の恐怖に追い詰められたとき、突如彼の超能力が発現します（そのサイボーグも、どうすれば彼の眠っている能力を目覚めさせられるかを知っていて、そうしたわけです）。

マンガにしろ映画にしろ、特殊な能力に目覚めるきっかけは、怒りや悲しみが極限に達したときです。おそらく私たちは（もちろん作者も）、そういう局面でこそ内なる能力が開花するのだと、本能的に知っているのでしょう。

「火事場のクソ力」もこれと似ています。人間の筋力は強大で、１００％の力を発揮すると、その負担によって腱が切れたり骨が折れたりするそうです。

そのためつねに力をセーブするように脳が命令しているわけですが、生きるか死ぬかの非常事態には、このリミッターが解除され、筋肉が本来持っている力を出せるようになります。だから、普段では持ち上げられない重い荷物も運び出せるのです。

「人体に並外れた負担を与えると、ＤＮＡのさまざまな休眠遺伝子が発現して、特別な生理的プロセスが活性化される」という記事を読んだことがあります。

たとえば、長距離ランナーが過酷な練習を続けていると、やがて体中の細胞が、練習による代謝需要に応じて組み直されます。

その一例が、筋肉に血液を供給する毛細血管の増加や、ヘモグロビンの増加、心臓の肥大化によるポンプ能力の増大などです。

これら「超能力」も「火事場のクソ力」も「休眠遺伝子の発現」も、ポイントは「限界状態」「並外れた負担」です。

自分に負担を与えず八分の力でやっていたのでは、いつまで経っても自分の潜在能力は発揮されないということです。

逆に言うと、人並み外れた負担を自分に強いれば、眠っていた遺伝子が発現し、何らかの能力が目覚める可能性があるのです。あなたにも、私にも、です。

これはすごく夢のある示唆だと思いませんか。

そう考えると、今日から自分にどういう取り組みが必要かがわかります。努力することは無駄ではなく、挑戦だということがわかります。

未来の自分にどういう能力が開花するか。自分で自分の未来が楽しみになります。

おわりに――夢を追いかけるとは、休まないこと

ビジネスパーソンの勉強とは、終わりがありません。つねに学び続けていくこと。だから、夢に直結する勉強をしたい。だって楽しいから。

楽しいから休みたいなんて思わない。楽しいから時間の許す限りやろうと思う。ちょっとぐらい大変でも、その先にある収入や充実感や成長や感謝があると思えば耐えられる。

たとえば、講演の資料をつくっているときは大変ですが、講演が終わったとき、聴衆の大きな拍手と、主催者からの感謝の言葉がもらえると思うから、手を抜こうなんて思わない。

新しい事業の立ち上げ期は、軌道に乗るまでがしんどい。でも、自分の読みが当たったという満足感、顧客が増えていく充実感。

そんな生き方も、けっこう心地よいと感じます。

そして、知識や経験が増え、生活スタイルが変わり、自分も成長すれば、勉強の仕方も変わっていきます。というか、変わって当たり前ではないでしょうか。

だから、私の勉強法も、あなたの勉強法も、日々進化していくはずです。

そして将来、本書を読み返したときに、「ああ、昔は未熟者だった。今の自分はもっと成長したなあ」と感じたいものです。

最後に、私の好きな言葉を読者の皆さんに贈ります。

「夢を追いかけるとは、休まないこと」

勉強とは苦しくつらいものではなく、楽しいものだ、生涯続ける価値のあるものだ、と感じていただけたら、

著者として大変うれしく思います。

著者略歴

午堂 登紀雄（ごどう・ときお）

1971年、岡山県瀬戸内市牛窓町生まれ。岡山県立岡山城東高等学校（第１期生）、中央大学経済学部国際経済学科卒。米国公認会計士。

東京都内の会計事務所、コンビニエンスストアのミニストップ本部を経て、世界的な戦略系経営コンサルティングファームであるアーサー・D・リトルで経営コンサルタントとして勤務。

2006年、不動産仲介を手掛ける株式会社プレミアム・インベストメント&パートナーズを設立。

2008年、ビジネスパーソンを対象に、「話す」声をつくるためのボイストレーニングスクール「ビジヴォ」を秋葉原に開校。2015年に株式会社エデュビジョンとして法人化。

不動産コンサルティングや教育関連事業などを手掛けつつ、個人投資家、ビジネス書作家、講演家としても活動している。


本書は、ビジネス社から発行された『年収3000万円を生み出すコア学習法』を再編集・改題した内容になります。

付加価値を創る 最強の学習法

2020年1月25日　初版発行
2020年7月30日　二刷発行

著者　午堂登紀雄

表紙デザイン　えんぴつ堂デザイン

発行者　松本善裕
発行所　株式会社パンダ・パブリッシング
〒111-0053　東京都台東区浅草橋5-8-11　大富ビル２Ｆ
https://www.panda-publishing.co.jp/
電話／03-6869-1318
メール／info@panda-publishing.co.jp
印刷・製本　株式会社ちょこっと